好奇寶寶的

冷知識 全知道

原來是醬子！

培育
文化
萬識通 03

原來是醬子！好奇寶寶的冷知識全知道

編著　林樵勳
責任編輯　許安遙
內文排版　王國卿
封面設計　姚恩涵

出版者　培育文化事業有限公司
信箱　yungjiuh@ms45.hinet.net
地址　新北市汐止區大同路3段194號9樓之1
電話　（02）8647-3663
傳真　（02）8674-3660
劃撥帳號　18669219
CVS代理　美璟文化有限公司
TEL／(02)27239968
FAX／(02)27239668

總經銷：永續圖書有限公司

永續圖書線上購物網
www.foreverbooks.com.tw

法律顧問　方圓法律事務所　涂成樞律師
出版日期　2017年12月

國家圖書館出版品預行編目資料

原來是醬子！好奇寶寶的冷知識全知道/
林樵勳編著.-- 初版. -- 新北市：培育文化，
民106.12　面；　公分. --（萬識通；03）
ISBN 978-986-95464-1-6(平裝)

1. 百科全書　2.青少年讀物
047　　　　　　　　　　　106018462

前言

你知道嗎？

糖分攝取過多易得膽結石？環境污染是目前腫瘤發病的重要原因嗎？太陽系有九大行星，其中最大的是哪一顆？有「咖啡王國」之稱的是哪個國家？喝酒時一邊吸菸對人體健康傷害更大？高爾夫球類似古代哪項遊戲？A型肝炎和B型肝炎的傳播途徑是一樣的嗎？最早的撐竿跳是允許運動員順竿爬上去的？可以邊吃月餅邊飲茶嗎？

想知道答案，有了本書，就用不著那麼辛苦啦！百科全書通通丟到一邊，輕鬆挾著這本書出門，就夠你玩囉，有大量關於自然、人體、科學、文化歷史、國家風俗等等超豐富資訊，搜羅了趣味盎然又發人深省的問題，採用問答方式讓這些老師不教、課本沒寫，又讓人想一探究竟的話題，吸引你學習更多有趣而且又用的知識，就讓囊括各種資訊的知識館主智多星、小書蟲、機智王來為你解答這大千世界的奧祕吧！

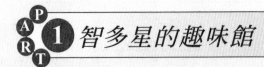

PART 1 智多星的趣味館

PART 2 小書蟲的學術館

PART 3 機智王的通識館

智 多星的趣味館

糖分攝取過多易得膽結石？

環境污染是目前腫瘤發病的重要原因嗎？

生活飲用水消毒是為了防止呼吸道傳染病？

糖尿病是因為糖果吃太多而引起的？

試管嬰兒是不是指在試管中成長的嬰兒？

關於法律、醫學、生活、文化的超有趣知識都

可以在這裡找到喔！就讓智多星一一告訴你

吧！

01. 跑步可消除鬱悶的心情。

智多星一點通 • • • • • • • ☞ **對**

　　心理學家的研究指出，心情沮喪的原因是腦神經元中缺乏腦內啡（endorphin）的關係。腦內啡是一種天然的鎮痛劑，當運動量超過某一階段，體內便會開始分泌腦內啡。長時間的運動，甚至是深呼吸，都可以促進腦內啡分泌。跑步當然也會，所以跑步能為人類帶來愉悅，消除沮喪的感受。

02. 穀類食品中含量最高的成分是碳水化合物。

智多星一點通 • • • • • • • ☞ **對**

　　碳水化合物是自然界中廣泛存在的物質，是食物的主要成分之一，由碳、氫、氧三種元素組成。碳水化合物又稱為醣類。

03. 生活飲用水消毒是為了防止呼吸道傳染病。

智多星一點通 • • • • • • • ☞ **錯**

　　對生活飲用水進行消毒是為了防止腸道傳染病。常用的消毒方法是添加液氯或次氯酸鈉。鑑別自來水消毒效果的直接指標是細菌總數、總大腸桿菌，間接指標是其渾濁度、餘氯量。這些鑑別標準是為了確定自來水的消毒效果，以及防止二次污染。消除水中餘氯的方式有：煮沸數分鐘；或將自來水裝入其他無蓋容器中靜置數小時；或採用活性碳過濾；或添加適量的硫代硫酸鈉（俗稱海波），以上做法皆可去除餘氯。

04. 人腦平均重量為1400克左右，科學家證明，單純以腦的重量大小判斷人的智力是錯誤的。

智多星一點通 • • • • • • • ☞ **對**

　　智力主要和大腦功能相關，而腦的容量大小並不能決定智力高低。成年人的大腦平均重量約為1400克左右，即便是愛因斯坦的大腦，其重量和普通人也相差無幾。

05. 油炸食品不容易消化，且其中所含有的飽和脂肪易導致肥胖。這類食品最好儲存在冰箱的生鮮區，也就是攝氏3～9度之間。

智多星一點通 • • • • • • • • • ■■■☞ **對**

　　年輕人和孩子們大多喜愛炸薯條、炸薯餅，甚至很多老人家嘴饞，也偏愛炸丸子、紅燒肉、炸豆腐等油炸食物。其實老人和小孩對油炸食品的有毒物質抵抗力最差，因為小孩的身體尚未發育完成，而老人的新陳代謝則相對較緩慢，長期吃大量的油炸食品，對身體健康的危害很大。同時高熱量高脂肪的油炸食物，對原本就比較胖的中老年人，或是患有高血脂、高血壓、腦血管、心血管疾病，以及糖尿病人而言，都不適宜。

06. 糖分攝取過多易得膽結石。

智多星一點通 • • • • • • • • • ■■■☞ **對**

　　根據研究指出，膳食中攝入過量的糖分也是引起膽結石的重要原因。因為糖分會刺激胰島素大量分泌，而胰島素會增加膽固醇含量，造成膽汁中膽固醇濃度過高，凝聚析出後便形成膽固醇結石。

07. 俗話說「吃什麼就補什麼」，所以吃魚眼有養目、明目的作用。

智多星一點通 • • • • • • 👉 **對**

　　醫學專家認為，魚眼有養目、明目的作用。研究人員發現，魚眼脂肪中含有DHA，具有抗血栓的作用，同時還有助於防治各種血栓性心血管疾病。DHA可以促進嬰幼兒大腦發育、增強記憶力、促進智力發展。對於老年人來說，還有促進大腦活躍，延緩人體機能衰退的作用。

08. 人體每天都要喝水和排水，兩者相較，喝進的水總比排出的多。

智多星一點通 • • • • • • 👉 **錯**

　　許多食物雖然不是液體但也都含有水分，如水果、蔬菜等，食用這些食物同時也會攝取水分，所以表上看起來，每天喝進的水比排出的水少。至於人體排水量，除了尿液以外，呼吸中排出的蒸汽、身體的排汗，甚至糞便中含有的水分，也都是正常人體排水。因此人體的喝水和排水量還是必須保持均衡才好。

09. 「*龍生龍，鳳生鳳，老鼠生的兒子會打洞。*」*這句話說明了生物的遺傳特徵。*

智多星一點通 ・・・・・・・・ 👉 **對**

　　生物個體之間在形態特徵或生理特徵上總是會出現相似的現象，這種現象跟生物的遺傳有關。

10. *在化驗報告中，如果發現轉氨酶升高，就說明此人得了肝炎。*

智多星一點通 ・・・・・・・・ 👉 **錯**

　　肝炎病人的轉氨酶肯定都會升高，但轉氨酶不僅存在於肝細胞中，還存在於心肌和骨骼肌中，因此心臟和肌肉組織的疾病損傷亦會導致血液中轉氨酶升高。此外膽囊炎、膽結石、傷寒、敗血症等許多內外科疾病，若侵及肝臟，血中轉氨酶往往也會升高。所以說，轉氨酶升高不等於得了肝炎。

11. 人體的紅血球數量從一生下來後就是固定不變的。

智多星一點通 • • • • • • • • • 👉 錯

　　人體每天會產生約十億個新的紅血球，每個紅血球壽命皆為四個月。

12. 環境污染是目前腫瘤發病的重要原因。

智多星一點通 • • • • • • • • • 👉 對

　　根據一項環境與健康研究報告顯示，7%慢性病與工業生產廢棄物，其實都和日常生活中所產生的污染有關。

13. 中醫診脈的創始人是華佗。

智多星一點通 • • • • • • • • • 👉 錯

　　中醫診脈的創始人是扁鵲。據《史記‧扁鵲倉公列傳》記載：「至今天下言脈者，由扁鵲也。」

14. 愛滋病的三大主要傳播途徑是性接觸傳染、唾液傳染、母嬰垂直感染。

智多星一點通 • • • • • • • • ☞ **錯**

　　已獲得證實的愛滋病傳染途徑主要有三種，性接觸、血液、母嬰垂直感染，其中主要途徑就是性接觸和血液感染。而以下這些途徑並不會造成愛滋病傳染：空氣；飲水、食物；餐具、衣服被褥、貨幣、馬桶等；日常工作及生活接觸；握手、擁抱、撫摸、接吻、安全性行為；游泳池；蚊子、蝨子、臭蟲等的叮咬；動物抓咬傷；在防護措施之下照護愛滋病人。

15. 剛生下來的小寶寶膚色呈現藍或淺灰是因為缺氧的關係。

智多星一點通 • • • • • • • • ☞ **對**

　　寶寶從母體血液供氧轉換到自行呼吸供氧，中間必須經過一段短短的過程，這段期間的缺氧狀態造成寶寶皮膚呈現藍或淺灰，一旦開始哭泣或呼吸，膚色就會變成粉紅色。

16. *右腦主掌邏輯思維活動。*

智多星一點通 • • • • • • • ☞ 錯

掌理邏輯思維活動的是左腦。

17. 人體如果失血過多，循環血容量（*circulating blood volume*）不足，無法維持人體組織的生存，就會出現休克。發生失血性休克必須立刻送醫院，如果這時患者要求喝水，就應該讓他儘量多喝。

智多星一點通 • • • • • • • ☞ 錯

　因為休克時，患者攝入的液體不但無法經過腸道到達組織，還容易引起患者嘔吐。

二選一

01. 馬術運動比賽分男子組和女子組嗎？

A. 分　　　　B. 不分

智多星一點通 • • • • • • • • 👉 B

馬術運動比賽不分男女，而且女性參賽者取得勝利的情況亦不在少數。奧運會中的馬術運動包括：盛裝舞步賽、越野耐力賽、障礙賽三項賽。

02. 英國的溫布頓每年都會舉行世界性的網球大賽，請問大賽場地平時不比賽時都用來做什麼呢？

A. 沒有比賽的時候可以租用，只是租金很高。
B. 這場地只有比賽的時候可以用。

智多星一點通 • • • • • • • • 👉 B

在英國的溫布頓每年6月末到7月初這兩周都會舉行溫布頓網球錦標賽。比賽場地可以容納1萬3千位觀眾。這項比賽開始於1877年，是世界上最古老的網球大賽。

爲了養護草坪，這裡除了比賽之外一律不准使用。所以，從這次比賽結束到下次比賽開始前，沒有任何人可以使用這個場地。

03. 奧運會史上第一個冠軍是誰？

A. 茜妮斯卡　　B.柯洛巴斯

智多星一點通 • • • • • • • • • ■■■☞ B

根據史料記載，西元前776年第一屆奧林匹克運動會的賽跑項目中，伊利斯城邦的廚師柯洛巴斯經過多輪的角逐，獲得了最後的勝利，摘下第一屆奧運會的唯一桂冠。柯洛巴斯就是奧林匹克運動會歷史上的第一個冠軍。

04. 橄欖球起源於哪一個國家？

A. 美國　　　B.英國

智多星一點通 • • • • • • • • • ■■■☞ B

橄欖球運動起源於英國，原名Rugby。因球形似橄欖，於是被我們稱爲「橄欖球」。Rugby本是英國中部的一座城市，市中的拉格比學校便是橄欖球運動的誕生地。據說在1823年時該校學生艾力斯在一次足球賽中，因踢球失誤，情急之下抱球就跑，引得其他球員紛紛效仿。

這雖是犯規動作，卻帶起了足球的新玩法。久而久之，就衍生出橄欖球這項運動了。

05. 中國象棋中的「帥」和「兵」屬於紅子還是黑子？

A. 紅方　　　B. 黑方

智多星一點通 • • • • • • • • • • 👉 A

中國象棋中的「帥」和「兵」屬於紅子，「將」和「卒」屬於黑子。

06. 足球比賽中又被稱為香蕉球的是以下哪一項？

A. 弧線球　　　B. 倒鉤球

智多星一點通 • • • • • • • • • 👉 A

弧線球，就是指使球呈弧線運行的踢球技術。其理論的基礎是足球在運行中，由於強烈旋轉，使兩側的空氣發生差異因而形成。由於球呈弧線運行，故俗稱「香蕉球」。踢弧線球時，腳擊中球的部位應偏離球的重心。這種踢法常用在繞過位於傳球路線中間的防守隊員，或射門過程中誤導守門員，使之判斷錯誤。罰任意球時，用弧線球射門也是得分的重要方法之一。

07. 籃球運動源於美國嗎？

A. 是　　　　　B. 不是

智多星一點通　●　●　●　●　●　●　☞ A

　　籃球運動是1891年由美國的詹姆斯・奈史密斯發明的。奈史密斯當時在美國麻州某基督教青年會國際訓練學校任教，體育系主任為貫徹冬季體育教學大綱，而委託他設計出籃球這一項室內集體遊戲。

08. 奧運會上運動員的服裝代表著各國特色。請問在古代奧林匹克運動會上，大家都穿什麼樣的服裝呢？

A. 什麼都不穿
B. 穿著鎧甲戴著頭盔的，就和打仗一樣

智多星一點通　●　●　●　●　●　●　☞ A

　　古希臘奧林匹克運動會是裸體比賽的！據說這是因為有一位選手在比賽過程中衣服破了也沒有停下來，就這樣裸體得了第一名，後來大家就都不穿衣服了。當時舉辦奧林匹克運動會的正是斯巴達這個國家，在這裡，為了鍛鍊身體，無論男人女人都是裸體訓練。

09. 棒球比賽中，每個壘包都有裁判嗎？

A. 都有 　　 B. 不是都有

 A

正式比賽需4名裁判，1人為主裁判（又稱司球裁判），其餘3人為司壘裁判。主裁判位於本壘及補手身後；司壘裁判分別負責1、2、3壘位附近的裁判工作。

10. 踝關節急性扭傷後應即刻採取的紓緩方法是以下哪一項？

A. 冷敷 　　 B. 熱敷

 A

冷敷可使毛細血管收縮，減輕局部充血，同時冷敷也可抑制神經末梢的感覺，使局部神經傳導速度暫時減慢，降低感覺的敏感性，達到止痛效果。冷敷的主要功用是降溫退熱；而熱敷是促進局部組織血液循環，提高人體抵抗力和修復能力，促使發炎消散和侷限化，減輕局部腫痛。熱敷和冷敷的操作方式相似，值得注意的是：若有閉合性外傷（即無傷口的外傷）時，不可一開始就熱敷。

11. 柔道是以腰帶的顏色區分段位等級，那麼黑帶與紅帶哪個代表的段位較高？

A. 紅帶　　　　B. 黑帶

智多星一點通 • • • • • • • • • 　☞ A

　　1～5段是黑帶，6～8段是紅白相間的帶子，9～10段是紅帶，我們經常聽到黑帶幾段高手的說法，往往會誤認為黑帶段位很高。

12. 世界盃排球賽每幾年舉行一次？

A. 2 年　　　　B. 4 年

智多星一點通 • • • • • • • • • 　☞ B

　　世界排球三大賽都是四年一屆。根據奧運週期，三大賽的比賽時間也立下規定。上屆奧運會後的第一年為三大賽輪空年，第二年為世界錦標賽，第三年為世界盃，也就是在奧運會的前一年舉行，並作為奧運會的首輪資格賽，第四年即為奧運會。

13. 圍棋的起源是下列哪一項？

A. 貿易　　　B. 戰爭

智多星一點通 • • • • • • • ☞ B

　　圍棋在春秋戰國時期就已經開始流行，關於「圍棋」這個名稱，《左傳・襄公二十五年》中解釋：「以子圍而殺之，故謂之圍棋。」

14. 在賽艇比賽中，運動員划水時是面對還是背對前進方向？

A. 背對前進方向　　　B. 面對前進方向

智多星一點通 • • • • • • • ☞ A

　　賽艇比賽中，運動員是背對前進方向划水，槳則是固定在船上。划艇比賽中，運動員則是面向前進方向，運動員坐在艇內，用一支兩端都有槳葉的槳左右交替划槳。

15. 在古代被稱為「弈」的棋是哪一種？

A. 象棋　　　B. 圍棋

智多星一點通 • • • • • • • ☞ B

　　圍棋是兩人一同進行的棋類遊戲，在古時有「弈」、「手談」等多種稱謂。日語稱為igo，英語的圍棋稱為「go」，就是從日語而來的。目前圍棋流行於亞太，全球都有人會玩，是一種非常流行的棋類遊戲。

 奧林匹克會旗五環旗的設計者是誰？

A. 歐文斯　　　B. 顧拜旦

 B

　　奧林匹克旗幟是畫著五色圓環的白色無邊旗。它是根據現代奧運會創始人、法國教育家皮埃爾‧德‧顧拜旦男爵的構思設計所製作的。

 **國際象棋比賽中，先走的是白棋還是黑棋？**

A. 黑棋　　　B. 白棋

 **B**

　　國際象棋規則比較簡單，白棋先走，黑棋後走。雙方輪流走子，一次走一步，棋子必須下在棋盤的方格上。

18. 圍棋盤上的九個小圓點被叫做什麼？

A. 星　　　　B. 位

智多星一點通 • • • • • • • **A**

　　為了判斷位置，圍棋棋盤上標列了九個小圓點，稱為「星」。

19. 無論哪種面值新台幣的鈔券正面左邊都有一些小記號。這些小記號是做什麼用的？

A. 作為防偽標誌　　B. 盲人通過觸摸來分辨面值

智多星一點通 • • • • • • • **B**

　　在印製紙幣時特意加入一些小記號。這些小記號微微凸起，各自代表了不同的面額。所以當盲人使用紙鈔時，只要觸摸這些小記號，就能正確判斷錢幣面額了。

20. 假如帶電的電線斷落在你身邊的地上，為了防止觸電，你應該：

A. 趕快跑步離開　　B. 單腳或雙腳跳躍離開

智多星一點通 • • • • • • • **B**

跑步會在人體內形成電位差（或稱電壓），步伐越大電位差越大，危險性就越大，所以千萬不要跑步離開危險區。

21. 現代人因為有尺，所以測量長度很方便。那麼，在古代還沒有尺的時候，人們是如何測量長度的？

A. 使用樹的「蔓」來測量長度
B. 用人體的一部分代替尺來使用

智 多 星 一 點 通 • • • • • • B

據研究發現，修建金字塔時使用的單位不是「公尺」，而是一種叫做「腕尺」的單位。

1腕尺大約是52.4公分，是指從手肘到中指指尖的距離，也就是以人身體的一部分為基礎來定長度單位。我們平常所用的「公尺」，是在很久之後才規範出的長度單位。

22. 古巴比倫人建造了空中花園，那是一個什麼樣的花園？

A. 指沙漠中的人造綠洲，因為它建在比地面高的地方所以叫空中花園。
B. 是懸浮在空中的花園，《格列佛遊記》裡也有記載。

智多星一點通 • • • • • • • • 👉 A

　　空中花園是西元前7世紀，由巴比倫國王尼布甲尼撒二世為遠嫁而來的王妃所建造的綠色花園。

　　因為建在高處，從遠處看就像浮在空中一樣。整個花園呈梯狀，據說裡面還種著花和草本植物。巴比倫地處乾旱區域，很少能看到綠色植物，必須從附近的河流引水灌溉。隨著階梯的高低差，花園從上到下都可以得到灌溉，可見當時的建築技術多麼發達。

23. 「七月流火」指的是天氣如何變化？

A. 轉涼　　　　B. 轉熱

智多星一點通 • • • • • • • • 👉 A

　　「七月」指夏天；「流」指移動、落下；「火」指「大火星」（不是繞太陽運行的火星），即心宿。「大火星」是一顆著名的紅巨星，能放出火紅色的光亮，每年五月的黃昏位於正南方，位置最高。

　　直到七月黃昏大火星的位置由中天逐漸西降，於是「知暑漸退而秋將至」。人們把這種現象稱作「七月流火」。

24. 王某購買了保額為120萬元的房屋火災保險，一場大火將該保險房屋全毀，而火災發生時該房屋的房價已漲至140萬元，那麼王某可得的保險賠款是：

A. 120 萬元　　B. 140 萬元

智多星一點通 • • • • • • • • • ☞ Ⓐ

保險賠款乃以保額為依據。

25. 寒帶冬天下雪時玻璃會結起美麗的窗花，窗花是結在：

A. 室外　　　B. 室內

智多星一點通 • • • • • • • • • ☞ Ⓑ

當玻璃的溫度降到0℃以下，室內的水汽就會遇冷凝結在屋內玻璃上，形成了窗花。

26. 一般而言，山羊皮革和綿羊皮革哪個好？

A. 山羊皮革　　B. 綿羊皮革

智多星一點通 • • • • • • • • • ☞ Ⓐ

山羊皮革的纖維結構比綿羊皮革的纖維結構細緻，

強度也高於綿羊皮革，是皮革服裝的首選。

　　山羊皮革的特點是表面細緻，纖維緊密，有大量細絨，毛孔呈半圓形排列，手感堅韌、柔軟、有彈性。而綿羊皮革表面較鬆，毛孔細小，手感柔軟。

27. 吃西餐時，人們常用哪隻手拿叉子？

A. 左手　　　　B. 右手

智多星一點通 • • • • • • • ■■■☞ Ａ

　　吃西餐要左手持叉，右手持刀；左手食指放在叉子把上，右手食指按在刀背上。

三選一

01. 以下食品中鉛含量最高的是：

A. 黃瓜　　　　B. 皮蛋　　　　C. 麵包

智多星一點通 ● ● ● ● ● ● ● ● ■■ ☞ B

　　傳統的皮蛋在醃製過程中，常在浸漬液裡添加鉛或銅等重金屬，使蛋白質凝固。過去在製作皮蛋的過程中，有些廠商會添加氧化鉛，容易造成大量鉛殘留。後來製造商研發出更好的製作過程，不再使用有害的氧化鉛。相關單位也訂出皮蛋的含鉛量標準，讓民眾不但能夠吃得美味，也吃得健康。所謂的「無鉛皮蛋」並不是不含鉛，而是指含鉛量低於標準，對人體影響不大。

02. 能提高身體排毒能力的食品是：

A. 高蛋白、高熱量、高脂肪的食品
B. 粗糧、豆類、海藻
C. 各種飲料

智多星一點通 ● ● ● ● ● ● ● ● ☞ B

粗糧含有豐富的膳食纖維，有利於保障消化系統正常運轉，可降低血液中低密度膽固醇和三酸甘油酯的濃度，增加食物在胃裡的停留時間，延遲飯後葡萄糖（血糖）吸收的速度，降低罹患高血壓、糖尿病、肥胖症和心血管疾病的風險。

 03. 下面哪種行為模式較利於孕婦及胎兒健康？

A. 多看電視　　B. 用電熱毯　　C. 多聽音樂

 C

孕婦聽音樂的同時，胎兒也在「欣賞」音樂。因為孕期胎兒的身心正處於迅速發育期，多聽音樂對右腦發育有利，越早接受音樂教育，就能越早開發並利用右腦，在音樂氣氛中學習和生活，對孩子智力的發育有很大的益處。

 04. 車諾比核電廠事故中主要是什麼物質外泄造成嚴重後果的？

A. 化學物質　　B. 細菌　　　C. 放射性物質

 C

1986年4月26日，當時蘇聯的車諾比核能發電廠第四

反應爐發生爆炸，釋放了大量放射性物質。這些物質進入大氣層，主要沉積在歐洲國家、白俄羅斯、俄羅斯和烏克蘭等廣大地區。

05. 喝水時應選擇哪種水最經濟健康？

A. 白開水　　　B. 純淨水　　　C. 蒸餾水

白開水能提高內臟中乳酸脫氫酶的活性，有利於快速降低累積在肌肉中的乳酸，可以消除疲勞，使人精神煥發。

06. 綠地在環境保護中具有什麼樣的重要作用。

A. 吸收二氧化碳產生氧氣
B. 吸收二氧化硫產生氧氣
C. 吸收一氧化碳產生氧氣

綠地的用處很多：吸收二氧化碳，為生物創造氧氣；在行光合作用的過程中，吸收太陽能輻射，降低環境溫度，改善熱島效應；抓住泥土，減少土壤流失；綠地中生長著許多生物，維護生態平衡。

07. 以下說法那種是錯誤的？

A. 用過的免洗餐盒應該要洗淨回收
B. 易開罐溶解後可以 100% 無數次回收再造成新罐
C. 玻璃無法回收利用

智多星一點通 • • • • • • • • • ■■■☞ C

　　廢棄的玻璃產品可重新加工製造成其他物品，這種產業又被稱為玻璃陶瓷產業（又稱微晶玻璃）。

08. 洗衣時，下列哪種洗滌用品最環保：

A. 洗衣粉　　　B. 洗衣精　　　C. 肥皂

智多星一點通 • • • • • • • • ■■■☞ C

　　洗衣粉的主要成分是烷基苯磺酸鈉，具有很好的去污作用，使用又很方便，所以深受人們喜愛。但洗衣粉具有一定的毒性，即使少量的洗衣粉進入體內，也會對人體的酶產生強烈的抑制作用。洗衣粉侵入人體，在血液循環過程中不僅會破壞紅血球的細胞膜導致溶血，還會侵犯胸腺，使胸腺發生損傷，導致人體抵抗力下降等。

冷知識 全知道
原來是醬子！

09. 養殖廢水應採用何種處理方式。

A. 直接進入農田

B. 直接排入湖中

C. 進入廢水管理系統

智多星一點通 • • • • • • • • • 👉 C

養殖廢水主要是排泄物，一般需經廢水管理系統處理之後再做利用，直接排放容易造成污染。

10. 關於食品添加物，以下哪種說法是不正確的？

A. 食品添加物可以改變食品的色、香、味，但應限量使用

B. 食品添加物價格低廉，應該用來代替高價原料

C. 嬰幼兒應儘量少吃果凍、蜜餞、飲料等含有食品添加物的食物

智多星一點通 • • • • • • • • • 👉 B

超量或違規使用食品添加物對人體健康危害十分嚴重。例如：過量攝入防腐劑有可能導致癌症，雖然在短期內不一定產生明顯的症狀，但一旦致癌物質進入食物鍊，反覆循環、長期累積，不僅影響食用者本身健康，

對下一代也有很大的危害。再比如：過量攝入色素會造成人體毒素沉積，對神經系統、消化系統等都可造成不同程度的傷害。

11. 剛買回來的蔬菜，最好在少量流動的清水下浸泡多久才可除掉大部分殘留農藥？

A. 1～5 分鐘　　B. 10～20 分鐘　C. 30 分鐘以上

智多星一點通 • • • • • • • 👉 B

買回來的蔬菜食用前先在少量流動的清水下浸泡10～20分鐘，最後用清水沖洗乾淨。也可用洗米水浸泡。

12. 濕地保護是環境保護的重要領域之一，是國際自然保護的一個重點。世界濕地日為每年的幾月幾號？

A. 3 月 12 日　　B. 5 月 2 日　　C. 2 月 2 日

智多星一點通 • • • • • • • 👉 C

濕地與森林、海洋並稱為全球三大生態系統，被人們比喻為「地球之腎」。1996年10月國際濕地公約常委會決定將每年2月2日定為世界濕地日。利用這一天，各國政府機構、組織都會舉辦大大小小的行動來提高公眾對濕地價值和效益的認識。

13. 食用下列哪種食品對人體更安全健康？

A. 燻魚肉　　　B. 烤肉　　　C. 燉肉

智多星一點通 • • • • • • ☞ C

　　燒烤食物和燻製食品如烤牛肉、烤鴨、烤羊肉串、燻肉、燻肝、燻魚等，因含有強烈致癌物，經常食用易患食道癌和胃癌，不宜多吃。

14. 以下哪種說法是不正確的？

A. 染髮容易引起皮膚炎，甚至可能導致白血病、惡性淋巴腫瘤等疾病。

B. 越常用持久性或色彩較濃艷的染髮劑，患惡性腫瘤的危險性就越大。

C. 氧化型染髮劑對健康沒什麼損害。

智多星一點通 • • • • • • ☞ C

　　染髮劑經常含有對苯二胺，這是有毒的化學品，也被用來製造農藥，是國際公認的有害物質。在染髮過程中有害物質通過皮膚毛囊進入血液到達骨髓，會引起皮膚癌、膀胱癌、白血病等疾病，極度過敏可導致死亡。據統計，長期染髮者的發病率比不染髮的人高3.8倍。

15. 關於農產品污染問題，以下說法哪種是正確的？

A. 農產品污染的唯一因素是農藥和化肥的污染

B. 被蟲咬過的蔬菜證明沒有農藥，可以放心食用

C. 長期過度使用氮肥會導致土壤中的硝酸鹽含量增高

智多星一點通 • • • • • • • ☞ C

造成農產品污染的主要因素有三：一是高毒性農藥使用過量；二是工業廢棄物的排放，或用污水灌溉農田，使土壤中某些重金屬元素偏高，造成農產品有害成分超標；三是添加物、消毒劑的使用不當，造成肉類、水產類中驗出有害成分；四是病蟲害、禽流感等所帶來的污染。

16. 以下哪種行為模式不符合環保要求？

A. 拒絕豪華包裝

B. 吃不了，帶著走

C. 多用免洗筷子、餐盒、尿布等

智多星一點通 • • • • • • • ☞ C

免洗用品為人們帶來方便，卻為生態環境留下昂貴的代價。不僅浪費地球資源，同時也帶來垃圾過量的問題。減少使用免洗餐具，多多自備環保碗筷，減少資源的浪費，應成為新的社會風氣。

17. 使用哪種廚具烹調食品可產生一種無機物，與胃酸反應後形成人體容易吸收的鐵鹽，還能因此提高造血機能，使紅血球增多，有益於健康。

A. 不沾鍋　　B. 鐵鍋　　C. 鋁鍋

智多星一點通 • • • • • • • • 👉 **B**

鐵鍋是常用的炊具，主要用於炒鍋，其化學性質穩定，不易引起化學反應。用鐵鍋炒菜時要急火快炒少加水，以減少維生素的損失，炒菜時溶解出來的少量鐵元素，可被人體吸收利用，對健康有益。

18. 哪些顏色艷麗的陶瓷餐具，在遇熱或在酸、鹼環境中浸泡容易導致重金屬溶出？

A. 汞　　　B. 鐵、鋅　　C. 鉛、鎘

智多星一點通 • • • • • • • • 👉 **C**

陶瓷餐具色彩斑斕的美麗外衣裡可能隱藏著有害物質，尤其是在不符合標準的工廠中生產的陶瓷餐具，其鉛、鎘等重金屬含量嚴重超標，直接威脅消費者的健康。根據專家的研究指出，造成這些餐具不合格的原因是這些廠商使用了劣質的原料，造成重金屬超標。再者，為

了使釉彩顏色鮮艷，在釉彩裡加入一些重金屬添加劑，因此顏色越鮮艷的陶瓷餐具，重金屬就越容易超標。

19. 以下哪種物品不含破壞臭氧層的有害成分？

A. 噴霧型清潔劑
B. 殺蟲劑
C. 牙膏

智多星一點通 • • • • • • • 👉 C

　　臭氧層的破壞，又被稱為「臭氧層損耗」。首先發現這個現象的是英國科學家，於1984年在南極上空發現了破洞。此後相繼又在北極和歐洲出現了臭氧層破洞。造成原因除了農工業和空運業高速發展，致使大量的氮氧化物和其他有害氣體進入臭氧層，也有因製冷劑、除臭劑和噴發劑，如：噴霧型清潔劑和殺蟲劑中所含大量氯氟烴化合物進入臭氧層，造成臭氧層的濃度降低，而出現了空洞。

20. 以下哪種塗料環保性能較差？

A. 水溶型
B. 有機溶劑型
C. 高固體含量型

智多星一點通 • • • • • • • • ☞ B

傳統的低固體含量溶劑型塗料約含50%的有機溶劑。這些有機溶劑在塗料的製造及施工階段產生污染排入大氣，危害人體健康。

21. 裝修房子時，下列行為中不屬於綠色消費的是：

A. 優先考慮健康安全，其次再考慮價格
B. 選擇「綠色」建材，如水性塗料、節水器具等
C. 裝修過程中噪音過大

智多星一點通 • • • • • • • • ☞ C

綠色消費包括的內容非常寬泛，不僅是綠色產品，還包括資源的回收利用、能源的有效使用、對生存環境和物種的保護等，可以說涵蓋的範圍擴及生產和消費等各種行為模式。

22. 駕駛汽車時，時速80公里要比時速110公里節省多少燃料？

A. 5%　　　　　B. 15%　　　　　C. 25%

智多星一點通 • • • • • • • 👉 C

除此之外，一般來說塞車只要超過5分鐘都應熄火等待。專家的測量結果指出，怠速狀態下每分鐘耗油5克。

23. 何種開水對健康有益？

A. 反覆燒開的水

B. 擱置三天以上的開水

C. 自然冷卻到攝氏 20～25 度的温涼白開水

智多星一點通 • • • • • • • 👉 C

反覆燒開的水含亞硝酸鹽，進入人體後生成致癌的亞硝酸胺，而且常喝這種水容易形成腎結石。擱置三天以上的水稱為老化水，俗稱死水，這種水容易繁殖細菌和微生物，硝酸鹽含量也超標，容易會引起各種不同程度的倦怠、乏力、失水、昏迷、全身青紫、血壓下降、腹痛、腹瀉、嘔吐，日久還有可能引起惡性疾病。

24. *LED 燈比普通燈泡節約百分之幾的電能，又比普通燈泡耐用多少倍？*

A. 60%和 4～6 倍

B. 30%和 8～9 倍

C. 75%和 5～10 倍

智多星一點通 • • • • • • • • ☞ C

　　一般鎢絲燈消耗的能源中，有90%都會變成熱能，只有10%轉化為光。而用LED燈既可使屋內光線充足，又可節省75%的電力，並且比普通燈泡耐用5～10倍。

25. *氡氣最可能會造成的人體疾病是什麼？*

A. 近視　　　B. 肺癌　　　C. 腳氣

智多星一點通 • • • • • • • • ☞ B

　　氡氣屬放射性物質，主要存在於建築水泥和大理石以及泥土中。氡氣會導致肺癌。

26. 多用途清潔劑、衛浴清潔劑、水管清潔劑及玻璃清潔劑等合成清潔劑的主要原料來自哪裡？

A. 石油　　　　B. 動物脂肪　　C. 浮游微生物

智多星一點通 • • • • • • • • ☞ A

　　合成清潔劑的原料相對較便宜。製造合成清潔劑的主要原料是石油，而製造肥皂的主要原料是油脂，石油比油脂更價廉易得。

27. 人造建材中釋放的有害氣體主要是：

A. 氨氣　　　　B. 甲醛　　　　C. 氡氣

智多星一點通 • • • • • • • • ☞ B

　　據專家指出，市場上的人造建材，普遍使用尿素甲醛樹脂膠合劑，會釋放出甲醛。尤其一些品質低劣、價格便宜的人造建材，經常出現這種情況，以致使用中釋放出大量甲醛，污染環境。

28. 人工合成色素的原料大部分是：

A. 植物　　　B. 煤焦油　　　C. 動物脂肪

智多星一點通 • • • • • • • ☞ B

　　食用色素依照來源可分為兩大類，分別是天然色素和人工色素。天然色素多半來自植物或動物，而人工合成的食用色素則是法定可食用的煤焦油。人工食用色素，能溶於水和油類，能耐高溫，不容易氧化，多數是分子比較大的芳香化合物。人吃了一般不能消化，也沒有什麼營養價值，只是增進食物的色香味，使人看了增進食欲。如過量食用則可能導致癌症。

29. 隨著生活水準的提高，染髮和燙髮的人越來越多，但患有何種病症的人應儘量減少燙髮和染髮的頻率。

A. 皮膚過敏　　　B. 關節炎　　　C. 胃病

智多星一點通 • • • • • • • ☞ A

　　燙髮會導致頭髮中蛋白質和水分的流失，而不當使用染髮劑，不僅會引起皮膚過敏、髮質改變或頭髮脫落，還可能因頭皮吸收了有毒物質而造成肝、腎功能的損傷。

30. 以下哪種生活既「時尚」又有利於環保？

A. 穿羊毛衫

B. 用紅木傢俱

C. 以步行或搭乘大眾運輸工具代替開車

智多星一點通 • • • • • • • •  C

　　以英國為例，大約四分之一的二氧化碳排放量來自運輸業，公路運輸又占了其中的絕大部分。由於汽車總量增加，交通越來越擁擠，汽車廢氣排放量不斷增加，環境顧問瓊安娜・亞羅建議：「如果你需要自己駕車，那就把車速放慢。時速50英哩比時速70英哩節省25%的燃油。」當然，更好的辦法就是搭乘大眾交通工具。

31. LED燈每開關一次，使用壽命大約降低幾小時左右。

A. 3　　　　　　B. 4　　　　　　C. 5

智多星一點通 • • • • • • • •  A

　　LED燈在開啟5分鐘之後，才能完全進入工作狀態，達到真正的亮度和節能效果。所以在使用LED燈時不要頻繁開關，否則不但達不到節能的效果，還會縮短LED燈的使用壽命。每開關一次，燈的使用壽命大約降低3小時左右。

四選一

01. 秦始皇滅六國後，統一了全國文字。請問是以下哪一種漢字？

A. 隸書　　　　　　B. 小篆

C. 楷書　　　　　　D. 行書

智多星一點通 • • • • • • • • ☞ B

　　秦統一後，詔書發至各地，當地人都看不懂。這種狀況無疑妨礙了各地經濟、文化的交流，也影響了中央政令的暢通。於是李斯等人整理文字，創造出一種形體勻圓齊整、筆劃簡略的新文字「小篆」，後來又出現「隸書」。文字統一，對華夏民族的發展和文化的傳承，有著很積極的意義。

02. 「書香門第」中的「書香」原意指什麼？

A. 讀書人的自稱

B. 書籍的油墨味

C. 書發黴後產生的怪味

D. 書中夾香草所發出的香氣

 D

古人為了防止蟲子啃咬書籍，便將一種散發著清香之氣的芸香草置於書中。芸香草亦稱芸草，為多年生草本植物，可以入藥。

03. 成語「趨之若鶩」中的「鶩」是指哪一種動物？

A. 馬　　　　　　　B. 烏鴉

C. 野鴨　　　　　　D. 老鷹

 C

趨是快走的意思，鶩是野鴨。像鴨子一樣成群跑過去，比喻很多人爭著趕去的意思。清朝曾樸的《孽海花》第二十七回：「京外的官員，哪個不趨之若鶩呢！」

04. 成語「千瘡百孔」最初是形容以下哪一項破爛不堪，無法修補？

A. 衣物　　　　　　B. 社會局勢

C. 儒家經典　　　　D. 傢俱

 Ⓒ

　　瘡是創傷的意思。千處創傷，百處破洞。形容破壞得非常嚴重，或比喻漏洞、弊病很多，也作「百孔千瘡」。唐・韓愈《與孟尚書書》：「漢氏以來，群儒區區修補，百孔千瘡，隨亂隨失，其危如一髮引千鈞。」

05. 請說出下列對聯所提及的年齡。

花甲重逢，增加三七歲月。

古稀雙慶，再多一度春秋。

A. 78 歲　　　　　　B. 96 歲

C. 102 歲　　　　　D. 141 歲

 Ⓓ

　　兩個花甲是一百二，三乘七是二十一，兩者加起來就是141。

06. 「傻瓜」最初指的是什麼？

A. 人　　　　　　　B. 植物

C. 動物　　　　　　D. 農具

智多星一點通 • • • • • •  A

　　據古籍記載，在古代瓜州居住著一群姜姓人，自己取族名爲「瓜子族」，他們幹活賣力，誠實刻苦，別人卻以爲他們愚蠢，稱之爲「瓜子」。「傻瓜」就是由「瓜子」衍化而來的。

07. 「機不可失，時不再來」指的是以下哪一項？

A. 時間的連續性　　B. 時間的不可逆

C. 時間的間隔性　　D. 時間的重複性

智多星一點通 • • • • • •  B

　　時間的特點是不可逆，絕對地沿著單向前進，一去不復返。「逝者如斯夫，不舍晝夜」、「時乎時乎不再來」、「機不可失，時不再來」等，都蘊涵著時間的不可逆，同時也啓示著我們：要懂得時間的寶貴，一分一秒都要珍惜。

08. 「垂青」一詞中的「青」是指什麼？

A. 青色　　　　　　B. 一種定情之物
C. 黑眼珠　　　　　D. 玉石

智多星一點通 • • • • • • • • • • C

　　古時候稱黑眼珠為青眼，正視某人，表示看得起叫做「青眼相加」。

09. 在戰國時代之前，「百姓」是對什麼人的總稱？

A. 奴隸　　　　　　B. 平民
C. 貴族　　　　　　D. 士兵

智多星一點通 • • • • • • • • • • C

　　戰國之前「百姓」是對貴族的統稱。戰國之後，是對平民的通稱。《詩・小雅・天寶》中有「群黎百姓」。其中所謂「百姓」，乃是指「百官族姓也。」

10. 我們常把那些一知半解，卻喜歡在人前賣弄的人叫做什麼？

A. 半截劍　　　　　　　B. 半段槍

C. 半面　　　　　　　　D. 半瓶醋

智多星一點通 · · · · · · · · ☞ D

「半瓶醋」比喻對某一門知識只是一知半解，卻好在人前賣弄的人。出自《古今雜劇·無名氏〈司馬相如題橋記〉》：「如今那街上常人，粗讀幾句書，咬文嚼字，人叫他做半瓶醋。」也有人說「半瓶水，響叮噹」或「半瓶醬油響叮噹」都是一樣的意思。

11. 巴西的通用語言是以下哪一項？

A. 英語　　　　　　　　B. 巴西當地語

C. 法語　　　　　　　　D. 葡萄牙語

智多星一點通 · · · · · · · · ☞ D

在古時候，巴西是印第安人的居住地。直到1500年4月22日，葡萄牙航海家卡布拉爾到達巴西，16世紀之後便淪為葡萄牙殖民地。1807年時拿破崙入侵葡萄牙，葡萄牙王室逃到巴西後，巴西順理成章地成為葡萄牙的帝國中心。經過歷史變遷，在1967年改國名為巴西聯邦共

和國。因此，自然而然地葡萄牙語便發展為巴西的通用語言了。

12. 雅典之名起源於什麼？

A. 建築物的名字　　　B. 神的名字

C. 海洋的名字　　　　D. 山脈的名字

智多星一點通 • • • • • • • • B

雅典之名起源於古希臘女神雅典娜之名。

13. 北京的第一高峰在哪裡？

A. 靈山　　　　　　　B. 海坨山

C. 白草畔　　　　　　D. 百花山

智多星一點通 • • • • • • • •  A

靈山自然風景區頂峰海拔2302公尺，是北京的第一高峰，西與龍門森林公園毗鄰，東與龍門澗景區相連。由於其海拔高度所致，靈山集斷層山、褶皺山於一體，是一個以奇峰峻峭、花卉豐富聞名的自然風景區。

14. 世界上最早利用地熱發電的是哪一個國家？

A. 中國　　　　　　　B. 英國

C. 義大利　　　　　　D. 法國

 Ｃ

　　義大利的皮也羅・吉諾尼・康蒂王子於1940年在拉德雷羅首次把天然的地熱蒸氣用於發電。

15. 中國四大名亭分別是醉翁亭、陶然亭、愛晚亭和以下哪一項？

A. 半山亭　　　　　　B. 湖心亭

C. 楓林亭　　　　　　D. 風波亭

 Ｂ

　　醉翁亭位在安徽滁縣琅琊中。歐陽修被貶到滁州任太守時，常與賓客於亭中飲酒，自稱「醉翁」，故起名「醉翁亭」。陶然亭位在北京宣武區西南，初名「江亭」，後因唐代詩人白居易的詩句「更待黃花家釀熟，與君一醉一陶然」而命名爲陶然亭。愛晚亭位於湖南長沙的嶽麓山上，後人取唐朝詩人杜牧的「停車坐愛楓林晚，霜葉紅於二月花」的詩句稱爲「愛晚亭」。湖心亭位於西湖中心的小島上，又叫振鷺亭。明朝張岱在《西

湖夢尋》裡讚美湖心亭的風姿：「遊人希之如海市蜃樓，煙雲吞吐，恐滕王閣、岳陽樓俱無其偉觀也。」

16. 台灣鐵路的鐵軌寬度是多少？

A. 1.067公尺　　　　　B. 1.435公尺
C. 1.535公尺　　　　　D. 1.635公尺

智多星一點通 ● ● ● ● ● ● ● ● ☞ A

　　鐵軌寬度又叫軌距，分為標準軌、窄軌和寬軌三種。1937年之後，國際鐵路協會制定出標準軌的軌距為1.435公尺，小於這個軌距的叫做窄軌，大於1.435公尺的就叫寬軌。兩種軌距各有利弊，窄軌適用於崎嶇山路，寬軌則可提供高速服務。台灣鐵路於清朝期間興建，當時使用的是與日本相同的窄軌1.067公尺，後來相繼完成的鐵路建設也就沿用同一標準。1958年之後中華民國政府亦制定以標準軌為國家標準，因此台灣高鐵及捷運所使用的軌距都是1.435公尺的標準軌。

17. 在內蒙古大草原裡，牧民們大多都住在蒙古包中。請問搭建蒙古包而不建房子的原因是什麼？

A. 節省空間　　　　　B. 節省建築費用
C. 適應遊牧生活　　　D. 美觀

智多星一點通 • • • • • • • • C

搬家是牧民生活的一大特點，根據草場和季節的情況，一年要搬家四、五次，甚至到十來次都有。

18. 以下哪一項為江南第一高塔？

A. 靈穀塔　　　　　B. 舍利塔

C. 羅漢院雙塔　　　D. 北寺塔

智多星一點通 • • • • • • • • D

北寺塔巍然聳立於蘇州市城北，是一座典型的磚木結構樓閣式佛塔，在蘇州諸塔中尤稱雄偉，歷來都是蘇州的重要標誌。共有八九層，規模宏大，重簷覆宇，與杭州的六和塔屬同一類型的建築。塔高76公尺，為江南第一高塔。

19. 中華境內民族眾多，每個民族都有自己獨特的風俗和節日。請問「火把節」是哪個民族的傳統節日？

A. 高山族　　　　　B. 壯族

C. 彝族　　　　　　D. 回族

智多星一點通 • • • • • • • • C

好奇萬象篇 冷知識 全知道
原來是醬子！

　　彝族過火把節時，一到夜晚，各村寨即點燃火把，炬火散佈於田野山鄉，頗為壯觀。彝民用火炬照田，象徵占歲豐收。民間傳說認為，過火把節就是要引穀穗出來看火把，耍火把則是為了撲滅秧苗的病蟲害。

20. 在馬來西亞，以下哪一項絕對不能作為禮物送給別人？

A. 手錶　　　　　　　B. 拖鞋
C. 洋娃娃　　　　　　D. 蠟燭

智多星一點通 • • • • • • • ☞ C

　　因為馬來西亞這個國家嚴禁偶像，所以像「洋娃娃」這類外形類似人像的東西，也禁止放在家中當裝飾品。因此絕對不能送這種禮物給別人。有趣的是在訂婚儀式中，拖鞋、蠟燭等都是習俗上必送的東西。

21. 中國境內現存最大的喇嘛塔位於哪裡？

A. 白塔寺　　　　　　B. 護國寺
C. 柏林寺　　　　　　D. 白雲觀

智多星一點通 • • • • • • • ☞ A

　　妙應寺，俗稱白塔寺，位於北京市西城區阜成門內大街上。始建於元代，原名「大聖壽萬安寺」，寺內的白塔是中國現存年代最早、規模最大的喇嘛塔。

22. 「商務中心區」的英文縮寫是以下哪一項？

A. CIA B. CAD
C. CBD D. CEO

 C

　　如今商務活動逐漸規模化，不管是國家甚或只是一座城市，商務活動經常高度集中在某一地區，這種區域統稱爲CBD（Central Business District）。

23. 請問元朝京師「元大都」的哪一面僅有兩個門？

A. 東 B. 南
C. 西 D. 北

智多星一點通 • • • • • • • D

　　遼代所建之城牆四面都有門，金朝時期都城（又稱金中都）三重城牆原有十二道門，東北郊闢爲宮苑禁地後，又新闢一個光泰門。元朝大都外城北面有二道門，其餘幾面皆三道門。明清以來，內城有九道門，外城有七道門。清朝以後又增闢了和平門、建國門、復興門。這些城門的建置，都是遵從風水先生的建議，歷經各代帝王而興建的。

24. 有「白銀之國」之稱的是以下哪一個國家？

A. 墨西哥　　　　　　B. 中國
C. 委內瑞拉　　　　　D. 印度

智多星一點通 • • • • • • • 👉 A

　　墨西哥又叫「白銀之國」，該國白銀產量占世界總產量的16%，是白銀產量第一大國。早在印第安時代人們就開始開採並使用白銀了。

25. 五嶽之中，境內文物古蹟的數量最多，品質最好的是哪一座？

A. 泰山　　　　　　　B. 恆山
C. 嵩山　　　　　　　D. 衡山

智多星一點通 • • • • • • •  👉 C

　　嵩山境內名勝古蹟有六最：

禪宗祖庭——少林寺；

現存規模最大的塔林——少林寺塔林；

現存最古老的塔——北魏嵩嶽寺塔；

現存最古老的石闕——漢三闕；

樹齡最高的柏樹——漢封「將軍柏」；

現存最古老的觀星台——告城元代觀星台。

26. 世界上面積最大的宮殿是哪一座？

A. 克里姆林宮　　　B. 愛麗舍宮
C. 北京故宮　　　　D. 白宮

智多星一點通 • • • • • • •  C

　　北京故宮又稱紫禁城，位於北京市中心，爲明、清兩代的皇宮，曾有24位皇帝相繼在此登基執政。始建於1406年，至今已超過600年。北京故宮是世界上現存規模最大，保存最完整的古代木造建築群。

27. 台北市的市花是什麼花？

A. 桂花　　　　　　B. 月季
C. 荷花　　　　　　D. 杜鵑

智多星一點通 • • • • • • •  D

　　台北市花是杜鵑花，市樹是榕樹，市鳥是台灣藍鵲。

28. 聖誕老人並非憑空捏造，而是真有其人，請問他真正的身分是以下哪一項？

A. 一個善良的主教　　B. 一個富有的商人
C. 一個有愛心的婦人　D. 一個開心的窮老頭

智多星一點通 • • • • • • • ☞ A

　　聖誕老人並不住在北極附近，而是住在地中海，相傳就是四世紀土耳其的邁拉主教聖尼古拉斯（Nicolas de Myre）。這位主教專門護佑兒童和未婚女子，傳說他送了三袋金子給三位出身高貴但家境貧困的女子，作為妝奩，以免她們淪為妓女。這個故事流傳到荷蘭之後，三袋金子變成了一大袋禮物，由聖誕老人在12月6日聖尼古拉斯節分送給兒童。

29. 四合院盛行於哪個朝代？

A. 宋朝　　　　　　　B. 元朝
C. 明朝　　　　　　　D. 清朝

智多星一點通 • • • • • • • ☞ B

　　四合院於元朝開始盛行，通常由東西南北四面房屋合圍成口字形，中心是種植樹木花草的庭院，相鄰四合院之間的通道被稱為「胡同」。北京明清舊城內的民居，基本上都是四合院建築。

30. 荷蘭的國花是以下哪一項？

A. 玫瑰　　　　　B. 鬱金香

C. 百合　　　　　D. 紫羅蘭

 B

　　鬱金香是百合科多年生的球根植物，每年春天開花，艷麗動人，顏色相當多，甚至還有黑色的鬱金香呢！第二次世界大戰期間，從西元1944年到1945年的冬季，荷蘭人稱為「可怕饑荒的冬季」。當時荷蘭境內食物缺乏，許多人就拿鬱金香的球根當做食物，度過饑荒。此後就將鬱金香奉為國花，大量栽植。

31. 「騎在羊背上的國家」是指以下哪一個國家？

A. 外蒙古　　　　B. 澳大利亞

C. 新西蘭　　　　D. 巴西

 B

　　當年第一批來到澳大利亞的移民將20幾隻羊帶到這塊土地，由於當地草原廣布，中央大盆地自流井較多，適合畜牧業發展。而今在澳洲地區，羊的數量依舊比人還多20倍。

32. 請問感恩節是在每年12月的第幾個星期四？

A. 一　　　　　　　　B. 二
C. 三　　　　　　　　D. 四

智多星一點通 ● ● ● ● ● ● ● ● ● ☞ D

感恩節是在每年12月的第四個星期四。這一天晚餐習慣上會吃火雞及蔓越橘甜醬和南瓜餡餅。這個風俗始於1621年，當時剛從英國移民到美洲定居的清教徒舉行宴會時，總會邀請鄰近幫助他們在此定居的印第安人一起來慶祝豐收。1863年，林肯總統宣佈將這個傳統節日定為國定假日，每年的這一天都要舉行盛大的遊行，教堂也會舉辦感恩節禮拜。如今在大部分國家和地區，這一節日已深入人心。

33. 「早穿棉襖午穿紗，抱著火爐吃西瓜」，請問這句話說的是下列哪個地方的氣候特徵？

A. 青海　　　　　　　B. 四川
C. 貴州　　　　　　　D. 新疆

智多星一點通 ● ● ● ● ● ● ● ● ● ☞ D

新疆晝夜溫差大，這句話說的是新疆的氣候特色。

34. 提起埃及，人們就會聯想到舉世聞名的金字塔和獅身人面像。獅身人面像的額角上雕著代表國王的標誌，請問是什麼標誌？

A. 獅子　　　　　　B. 羊
C. 牛　　　　　　　D. 眼鏡蛇

智多星一點通 · · · · · ·  D

　　埃及的獅身人面像是世界上現存最古老的巨大石像之一。長37.5公尺，高20公尺，臉部寬4公尺，是用岩石雕鑿而成的。石像的臉型仿造古埃及最高權威法老的臉龐，頭戴國王頭巾，額角上雕有代表國王的眼鏡蛇標誌，身體呈獅子的形狀代表萬獸之王。

35. 被稱為「玫瑰之國」的是哪個國家？

A. 保加利亞　　　　B. 匈牙利
C. 法國　　　　　　D. 澳大利亞

智多星一點通 · · · · · ·  A

　　在保加利亞有一個玫瑰谷，經過300多年的培植，那兒盛產了7000多種玫瑰，成為吸引各國旅客的旅遊勝地。保加利亞特產的卡贊勒克玫瑰，相傳是女神用自己鮮血澆灌出來的，特別紅也特別香。其實這種玫瑰原產亞洲，直至6世紀末才傳入當地。

01. 人說「近墨者黑」，但「近墨者未必黑」，正如周敦頤在《愛蓮說》中說的哪兩句話？

智多星一點通 • • • • • • •

出淤泥而不染，濯清漣而不妖。

02. 請先將成語填完，再把所填的字按照順序連起來，猜一動物。

☐ 針引線
☐ 上添花
☐ 冠禽獸
☐ 星戴月
☐ 顏薄命
☐ 言巧語
☐ 苦連天
☐ 目了然
☐ 東擊西
☐ 天動地

□馬奔騰
□喻戶曉

智多星一點通 • • • • • •

穿錦衣披紅花叫一聲驚萬家（公雞）

03. 請舉出以一、二、三、四、五、六、七、八、九、十為開頭的俗語（包括成語、慣用語等）。

智多星一點通 • • • • • •

一心一意

二一添作五

三心二意

四通八達

五花八門

六六大順

七上八下

八九不離十

九牛二虎之力

十拿九穩

04. 請按照以下數字提示，猜成語。

12345609

1256789

1+2+3

333555

510

9寸+1寸=1尺

智多星一點通 • • • • • • • •

12345609——七零八落；

1256789——丟三落四；

1+2+3——接二連三；

333555——三五成群；

510——一五一十；

9寸+1寸=1尺——得寸進尺。

05. 一年春節前夕，清代書畫家鄭板橋到郊外去辦事。路過一處人家，門上貼著對聯：上聯是「二三四五」；下聯是「六七八九」。

鄭板橋讀完後，立即掉頭就往自己家裡跑。不一會兒，他扛來一袋糧食，還拿著幾件衣服和一塊肉，急匆匆地走進那戶人家。只見屋裡的人吃不飽穿不暖，

愁眉苦臉，送來的糧食、衣物正好救了他們的急，一家老小都十分感激鄭板橋。

奇怪的是，鄭板橋和這家人素不相識，單從門前的對聯就看出這家人的需要。這是為什麼？

如果說這副對聯是一個謎語，請猜一個成語？

智多星一點通・・・・・・・

缺衣少食（缺一少十）。

06. 請問符合下列描述的慣用語是什麼？

足智多謀的人

接待賓客的當地主人

公堂台階下受審的囚犯

吝嗇錢財、一毛不拔的人

渾渾噩噩、不明事理的人

世故圓滑的人

沒有專業知識的外行人

技藝不精、勉強湊合的人

智多星一點通・・・・・・・

足智多謀的人——智多星

接待賓客的當地主人——東道主

公堂台階下受審的囚犯——階下囚

吝嗇錢財、一毛不拔的人——鐵公雞

渾渾噩噩、不明事理的人——糊塗蟲

世故圓滑的人——老油條

沒有專業知識的外行人——門外漢

技藝不精、勉強湊合的人——三腳貓

07. 下列著名的愛國詩句分別是誰寫的？

（1）男兒何不帶吳鉤，收取關山五十州。

（2）粉身碎骨渾不怕，要留清白在人間。

（3）一年三百六十日，都是橫戈馬上行。

（4）杖策只因圖雪恥，橫戈原不為封侯。

智多星一點通 • • • • • • •

（1）李賀

（2）於謙

（3）戚繼光

（4）袁崇煥

08. 「紙上談兵」這句成語指的是哪個時代，哪位將領？請問這位將領在哪一次戰鬥中，因「紙上談兵」而遭遇到失敗？

智多星一點通 • • • • • • •

戰國時期的趙國趙括；長平之戰。

09. 請用班、排、連、營、團、師、軍做起頭，分別組成一句成語。

智多星一點通 • • • • • • •

　　班門弄斧；排山倒海；連篇累牘；營私舞弊；團結奮鬥；師出有名；軍令如山。

10. 請說出這些成語的下一句

　　（1）風聲鶴唳
　　（2）內修政策
　　（3）義者無敵
　　（4）射人先射馬
　　（5）勝在得威

智多星一點通 • • • • • • •

　　（1）草木皆兵
　　（2）外治武備
　　（3）驕者先來
　　（4）擒賊先擒王
　　（5）敗在失氣

11. 成語「五花八門」最初出自軍旅，請問「五花」指的是什麼？「八門」指的又是什麼？

智多星一點通 • • • • • • • •

　　「五花」是指五行陣（金、木、水、火、土）；「八門」是指八門陣式八卦陣。

12. 「成語接龍」是一種遊戲，前一成語末尾的字，必須和後一成語開頭的字讀音相同，且必須是四字成語。就這樣，所有成語首尾相接，就會成為一條「龍」。比如：神通廣大快人心猿意馬到成功敗垂成……。

（1）談笑風□離死□具一格□不□木三分

（2）取之不□人皆□難而退□兩□捨難……地。請繼續接龍，一直接到最後一字為「地」。

智多星一點通 • • • • • • • •

　　（1）生；別；格；入。

　　（2）盡；知；進；難；分庭抗禮尚往來日方長歌當哭天喊地。

13. 在《題臨安邸》中「山外青山樓外樓」下句是什麼？

智多星一點通 • • • • • •

西湖歌舞幾時休。

14. 說出歇後語的後半部分

矮子坐高凳——

八月的核桃——

稻草人救火——

擦脂粉進棺材——

炒鹹菜放鹽巴——

廁所裡掛個鐘——

外甥打燈籠——

豬鼻子插蔥——

智多星一點通 • • • • • • •

分別是：

矮子坐高凳——夠不著；

八月的核桃——擠滿了人（仁）；

稻草人救火——引火上身、同歸於盡；

擦脂粉進棺材——死要面子；

炒鹹菜放鹽巴──太閒（鹹）了；

廁所裡掛個鐘──有始（屎）有終；

外甥打燈籠──照舅；

豬鼻子插蔥──裝像（象）。

15. 什麼字，一滴水？

什麼字，兩滴水？

什麼字，三滴水？

什麼字，四滴水？

什麼字，六滴水？

什麼字，十滴水？

什麼字，十一滴水？

智多星一點通 ● ● ● ● ● ●

永，冰，江，泗，洲，汁，汗。

16. 請說出有「舌」字的成語。

智多星一點通 ● ● ● ● ● ●

七嘴八舌、妄口八舌、閒嘴淡舌、唇槍舌劍、張口結舌、笨嘴笨舌、鸚鵡學舌……等。

17. 請說出下列作品集的作者

《孟襄陽集》
《樊川文集》
《昌黎先生集》

智多星一點通 • • • • • • •

孟浩然；杜牧；韓愈。

18. 在現代，「香格里拉」一詞被引申為什麼意思？

智多星一點通 • • • • • • •

世外桃源。

Part 2

小 書蟲的學術館

老年斑僅出現在人體表面？

太陽系有九大行星，其中最大的是哪一顆？

有「咖啡王國」之稱的是哪個國家？

喝酒時一邊吸菸對人體健康傷害更大？

高爾夫球類似古代哪項遊戲？

深入各國風俗，了解人體奧祕，品嘗藝文韻

味，和小書蟲一起沉浸在這個大千世界的美妙

之處！

01. 只要午餐好好吃，早餐可以不吃。

小書蟲有文化 • • • • • • • ☞ 錯

　　如果不吃早餐，膽囊裡儲存了一夜的膽汁就無法正常釋放，容易導致膽結石和膽囊炎。另外由於沒有即時供應足夠的蛋白質，腦細胞很容易出現疲勞狀態，造成血糖偏低，情緒不穩，容易發怒。而且為了把儲存在肝臟裡的肝糖轉化成血糖釋放到血液中，以滿足細胞的需要，導致肝臟負荷過重，易傷肝。長期不吃早餐，最後會出現免疫力下降、腸胃功能失調、內分泌紊亂等症狀，引發各種疾病。

02. 人體所需的營養素有蛋白質、脂肪、醣類、維生素、礦物質、水和膳食纖維七大類。

小書蟲有文化 • • • • • • • ☞ 對

　　人體必須攝入這些營養素，然後融合、分解，合成

人體各種組織、器官所需的養分，同時供給生命活動必須的物質。因此應養成不挑食的飲食習慣，才能獲得均衡的營養。

03. 老年人飲食應該「粗茶淡飯」，愈清淡愈好，因為這樣才容易消化，不但減少腸胃負擔，還可以防止心臟病的發生。

小書蟲有文化 • • • • • • • 👉 錯

其實最新研究顯示，過分清淡反而會影響身體健康，導致疾病有機可趁。即使是患有心臟病的老人，也不必過分強求飲食清淡。綜合國內外多方資料顯示，最適合老年人的食品，必須具有複合營養的特徵，也就是維生素、蛋白質、醣類、微量元素等成分互補存在的食品。葷素相間的飲食可增進老年人的新陳代謝，延緩衰老，保持組織細胞的結構完整，並且提高抵抗力。

04. 人體共有228塊骨頭，約占體重20％。

小書蟲有文化 • • • • • • • 👉 錯

人體共有206塊骨頭，約占體重20％。

05. 醫術高明的醫生，只要從外表就能看出病症，如：眼睛發黃說明此人得了肝炎。

 小書蟲有文化 • • • • • • • ☞ **錯**

　　肝炎病人常出現眼白發黃的症狀，這是因為血液裡膽紅素濃度增加的關係，這種症狀叫做黃疸。但膽紅素濃淡並不是造成此症狀的唯一原因，比如：老年人的眼白上脂肪較多，或吃了抗瘧疾藥物，或由於血液中胡蘿蔔素增多，眼睛也會呈現發黃的狀況，但他們的血液中膽紅素並不會升高，這種情況就不能被稱為是黃疸了。另外，除了肝炎外，膽囊或膽管發炎、膽結石以及各種溶血性貧血等，都會出現黃疸，所以不能單憑眼睛發黃就確診為肝炎。

06. 急性結膜炎俗稱「紅眼症」，乃是由病毒引起，多發生於春冬季，傳染性極強，常引起大流行。

小書蟲有文化 • • • • • • • ☞ **錯**

　　結膜炎是由細菌或病毒引起的，有急性和慢性兩種。急性結膜炎俗稱「紅眼症」或「火眼」。好發於夏秋兩季，具有傳染性。慢性結膜炎則多因急性結膜炎未受到

徹底根治的關係。另外也可能因爲塵埃刺激或淚囊炎而引起。

07. 狂犬病是*由狂犬病毒引起的人畜共通傳染病，致死率極高。*

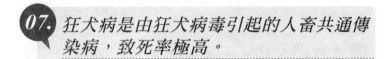

小書蟲有文化 • • • • • • • • ☞ **對**

狂犬病又稱恐水症，是狂犬病毒所引起的一種中樞神經系統急性傳染病。多見於狗、狼、貓等食肉動物。因人畜共通的關係，人類若爲病獸咬傷也會遭到感染。

08. *《黃帝內經》中所提出的養生、保健基本原則乃是從生理、心理等方面出發，強調「防患於未然」的重要思想。*

小書蟲有文化 • • • • • • • • ☞ **對**

《黃帝內經》是現存最早的中醫理論經典，後世簡稱《內經》。內容注重整體觀念，既強調人體本身是一個整體，又強調人與自然環境的密切相關，運用陰陽五行學說解釋生理、病理現象，導出診斷與治療原理。

09. 牙病與全身性疾病沒有關係。

小書蟲有文化 • • • • • • • ☞ 錯

　　人體可說是一個完整的有機體，組織器官並非各自獨立，彼此之間都有著緊密相連的關係。例如：蛀牙未得到即時治療，可引起牙髓炎，最後發展成根尖牙周炎、牙槽膿腫，甚至造成頜骨骨髓炎等。這種病毒的感染，經常是經由血液和淋巴將細菌毒素擴散至全身其他部位，致使其他組織產生病變。當人體抵抗力較弱時，更可能引起其他身體疾病，如風濕性關節炎、風濕性心臟病、腎臟發炎等。

10. 有貧血毛病的人宜多飲用綠茶。

小書蟲有文化 • • • • • • • ☞ 對

　　因為綠茶中葉酸含量比較豐富。根據科學家研究，每飲5杯綠茶，就能供給人體每日所需葉酸量的2％。葉酸的主要功效正是預防貧血，所以，貧血者宜多飲用綠茶。

11. 老年斑僅出現在人體表面。

小書蟲有文化 • • • • • • • ☞ 錯

　　老年斑是組織衰老的先兆，表示細胞已經進入了衰老階段。

　　脂褐質色素不僅聚集於皮膚上，還會侵擾身體內部，如果沉積在血管壁上，會造成血管發生纖維性病變，導致動脈硬化等；積存於腦細胞中，則會影響腦部功能，並加速腦部衰老；積蓄在細胞內，便會妨礙細胞的正常代謝，引起整個人體的老化。

12. B型肝炎患者不必注射B肝疫苗。

小書蟲有文化 • • • • • • • ☞ 對

　　正常人的免疫T細胞在B肝疫苗的作用下會發揮消滅病毒的功用。而B肝患者注射B肝疫苗並不會有同樣功效，原因在於感染了B肝病毒的患者即使注射了疫苗，其T細胞也不能履行殺滅病毒的職責，B肝病毒依舊在體內長期存在。

13. 當膝蓋彎曲大約120度時，可產生的彈跳力最大。

小書蟲有文化 • • • • • • • ☞ **錯**

膝蓋彎曲大約160度時，可產生的彈跳力最大。

14. 新生嬰兒的紅血球比成人的紅血球還要多。

小書蟲有文化 • • • • • • • ☞ **對**

正常男性紅血球數量約為380～600萬個/mm3；女性紅血球數量約為380～550萬個/mm3；而新生兒可達600萬個/mm3，出生幾周後逐漸降低。兒童期紅血球數值偏低，至青春期逐漸達到成人標準。

15. 喝酒時一邊吸菸對人體健康傷害更大。

小書蟲有文化 • • • • • • • ☞ **對**

酒精能使尼古丁等鹼性毒物加速溶解進入體內，導致人體受到尼古丁的毒害程度增加。吸菸同時飲酒，尤其是咽喉癌發病的重要原因。所以人們應該儘量戒菸戒

酒，特別禁忌喝酒同時抽煙，才是預防咽喉癌以及保護
其他臟器免受危害的重要措施。

16. 人類的乳齒有20顆，恆齒32顆。

小書蟲有文化 • • • • • • • 👉 對

　　人類一生會有兩副牙齒，乳齒是第一副，恆齒是第
二副。出生後7～8個月便會長出第1顆乳牙，2歲半左右
20個乳牙就會長齊。直到6～13歲期間，乳牙逐漸被恆牙
替代。一般的恆齒有28個，若後面4個智齒都長出來可達
32個。

17. 蒼蠅會導致出血熱及細菌性痢疾等疾病。

小書蟲有文化 • • • • • • • 👉 錯

　　蒼蠅攜帶的細菌多達60種。每隻蒼蠅的體表約沾有
一百多萬個細菌，最多甚至可攜帶五億個。蠅類傳遞的
病原體很多，有痢疾、傷寒、霍亂、小兒麻痺、結核、
沙眼、肝炎、寄生蟲病等多種疾病。

18. 人體運動幅度最大的關節是肘關節。

小書蟲有文化 • • • • • • • ■ ☞ 錯

人體運動幅度最大的關節是肩關節。

19. 生吃雞蛋有潤肺及滋潤嗓子的功能。

小書蟲有文化 • • • • • • • ■ ☞ 錯

生吃雞蛋很不衛生，容易引起細菌感染。尤其是免疫能力較弱的人，例如：慢性病患者、老人和小孩，最好不要生吃雞蛋，以免受到感染而生病。

20. 對於缺少乳糖酶的人來說，優酪乳是理想的乳製品。

小書蟲有文化 • • • • • • • ■ ☞ 對

許多人的身體並不適應喝牛奶，只要喝了就很容易產生腹瀉、脹氣或急性腹痛。這是因為所有奶類食物都含有乳糖，而乳糖必須經過體內乳糖酶的分解，才能被人體消化吸收。優酪乳不但富含蛋白質和其他多種營養素，同時還含有乳糖酶，因此能自我分解，易於被人體吸收。

01. 看過畢卡索畫作的人會發現，他的畫中人們的眼睛、鼻子總是抽象變形的，他的畫一直是這樣的嗎？

A. 從開始畫畫就是這樣。

B. 最開始畫普通的畫也畫得很好，後來才逐漸形成自己的風格。

小書蟲有文化 • • • • • • • • ☞ **B**

　　畢卡索年輕時就很會畫畫，後來才慢慢形成自己獨特的風格。那時候他覺得藍色是基本色，於是好多作品裡都使用藍色，被稱為「藍色時代」。後來他與戀人在一起生活，開始使用溫暖的粉紅色。在《亞維儂的少女》這幅作品中，他也使用了立體派的手法。

02. 郵票四周的齒孔有什麼作用？

A. 容易撕開　　　　　B. 美觀大方

小書蟲有文化 • • • • • • • • ☞ **A**

這是為便於撕開郵票。據說過去郵票並沒有齒孔，出售郵票時，得用剪刀一枚枚地剪開，很不方便。後來有個人要寄信時，因沒有剪刀，就用西裝領帶上的別針在郵票間刺了一行行的小孔，然後很快就把郵票撕開了。這個發現得到了英國郵政部的獎賞。於是在1854年，英國最先發行了有齒孔的郵票，此後各國的郵票都有了齒孔。

03. 汽車右轉時，車裡的人會感到身體往哪個方向傾斜？

A. 向右傾斜　　　　B. 向左傾斜

小書蟲有文化 • • • • • • • B

　　由於慣性原理，車子已經右轉，身體卻還保持在前進狀態，所以有向左傾斜的感覺。

04. 刷牙可以保護我們的牙齒，所以我們要養成刷牙的好習慣，正確的刷牙方法是：

A. 上下移動刷　　　　B. 左右橫著刷

小書蟲有文化 • • • • • • • A

　　橫刷無法刷掉殘留在牙縫中的東西，還會損傷牙齦。

05. 西班牙盛行的鬥牛看起來有些殘忍，但卻是當地的傳統，蘊含有獨特的意義。那麼，鬥牛場上的牛死後會怎麼處理？

A. 被恭敬地埋葬，還有為牛準備的專用陵園

B. 表示感謝後被吃掉

小書蟲有文化 • • • • • • • • ☞ B

鬥牛的歷史非常古老，西元前2000年的埃及就有關於鬥牛的記載。進入18世紀後西班牙開始採用人和牛搏鬥的儀式。

原來在西班牙的地中海沿岸，牛被視為神聖的動物，有把牛用作為祭品的傳統。鬥牛就是通過吃牛肉來對賜予食物的神明表達謝意。

06. 一年中最炎熱的時候是？

A. 夏至　　　　　　B. 大暑

小書蟲有文化 • • • • • • • • ☞ B

「大暑」就是每年的7月23日或24日，太陽到達黃經120°。《月令七十二候集解》：「暑，熱也，就熱之中分為大小，月初為小，月中為大，今則熱氣猶大也。」這時正值「中伏」前後，是一年中最熱的時期。

07. 維吾爾族常戴的小花帽是四個角嗎？

A. 是　　　　　　　B. 不是

 A

居住在新疆天山的維吾爾人，無論男女老幼，不分春夏秋冬，都喜歡戴一種四棱的小花帽（維語稱爲「朵巴」），這是他們幾百年來的傳統習慣。

08. 小健剛剛跑完400公尺，爸爸便拿一杯冷飲給他喝。小健的爸爸做得對嗎？

A. 對　　　　　　　B. 不對

 B

劇烈運動後立即喝冷飲對身體是有害的。因爲運動後體內溫度激增，冷飲又特別涼，互相衝擊之下會影響胃的消化能力而造成胃痛，甚至會導致胃病。

09. 媽媽買了一些雞蛋，看見其中幾個雞蛋表面有些髒，就端來一盆水，把那些髒雞蛋泡在水裡。她想，雞蛋洗乾淨了，保存的時間就可以長一點了。請問：她的想法對嗎？

A. 對　　　　　　B. 不對

 小書蟲有文化 • • • • • • • ☞ B

因為雞蛋的表面有一層膠質，對雞蛋有保護作用，洗掉了反而不利於雞蛋的保鮮。

10. 世界上最早的地鐵建在哪裡？

A. 英國　　　　　　B. 美國

 小書蟲有文化 • • • • • • • ☞ A

英國自18世紀工業革命後，經濟便迅速發展，開始使用很多新設備。可是倫敦歷史悠久，街道非常狹窄，在地面上建造鐵路已經不可能了，所以便建造了地鐵。

世界上最早的地鐵建成於1863年在英國的倫敦，從帕丁頓到法靈頓全程約6.4公里。最初是蒸汽火車，1905年後換成了電力火車。

11. 大家都知道巴黎的羅浮宮裡收藏著達文西所畫的《蒙娜麗莎》。那幅世界聞名的畫是真品嗎？

A. 很久以前，小偷到羅浮宮把真品偷走，換了一幅假的

B. 是達文西畫的真品

小書蟲有文化 • • • • • • • ☞ B

《蒙娜麗莎》這幅畫原屬義大利，被拿破崙搶到法國。在1911年一位義大利男子把畫偷了出來，正想賣掉時就被抓住了。但是義大利人非常高興，他說：「這是為了我的國家才拿回來的！」判決出爐後，這位男子馬上被釋放了，還被當成民族英雄。

12. 同樣一條船在海洋裡航行，冬天和夏天吃水的深度一樣嗎？

A. 一樣　　　　　　B. 不一樣

小書蟲有文化 • • • • • • • ☞ B

天氣熱時，海水的密度變小；天氣冷時，海水的密度增大，所以同樣一條船冬天吃水的深度比夏天小。

13. 菜湯上浮著一層油會使菜湯涼得更快或更慢？

A. 更慢　　　　　　B. 更快

小書蟲有文化 • • • • • • • • 👉 Ⓐ

油面阻隔了湯的散熱，所以會更慢。

14. 在包裝盒上印有一些玻璃杯圖形的標誌，這種標誌表示：

A. 小心輕放　　　　B. 內含玻璃器皿

小書蟲有文化 • • • • • • • • 👉 Ⓐ

玻璃杯是小心輕放的意思。

15. 大家都知道歐洲人是用刀叉吃飯的，那麼他們是從什麼時候開始使用刀叉的？

A. 從古羅馬時代歐洲人就開始用刀叉了
B. 早在 11 世紀時，義大利就開始使用了

小書蟲有文化 • • • • • • • • 👉 Ⓑ

吃飯時用叉子始於11世紀的義大利。實際上，15世

紀末文藝復興後才開始普及，16世紀到17世紀才開始流傳到歐洲各地。在此之前，肉和蔬菜都是用手拿起來直接吃。

　　用來切東西的刀則是從古羅馬時代開始使用的。從直接用手拿著吃，慢慢變成用叉子吃。這個習慣越普及，禮儀就越多，逐漸演變成吃魚、吃肉、吃菜、吃甜點，都有各自專屬的餐具。

16. 雲南的「普洱茶」名字起緣於？

A. 地名　　　　　B. 人名

小書蟲有文化 · · · · · · · · 　☞ A

　　雲南的「普洱茶」緣於地名。據悉，雲南有個普洱縣，很早以前就盛產茶葉。

17. 游泳可以鍛鍊身體，但卻很容易使耳朵進水，進水後應該：

A. 讓進水的耳朵朝下，另一條腿抬起單腳上下跳
B. 用手掏耳朵，把水掏出來

小書蟲有文化 · · · · · · · · 　☞ A

　　將進水一側的耳朵朝向下方，用單腿在地上跳幾下，耳朵中的水就會自然流出。

18. 鞋子的尺碼有歐美、日本、台灣等多種分類，請問穿40號鞋的人，等於下列哪個號碼：

A. 25　　　　　　　　B. 30

小書蟲有文化 ● ● ● ● ● ● ● ● A

　　通常用20起算的鞋號乘以2減去10就是40左右的鞋號，比如25號×2＝50，50－10就是40號。

19. 印度婦女喜歡在眉心點痣，這種痣被稱為：

A. 富貴痣　　　　　　B. 吉祥痣

小書蟲有文化 ● ● ● ● ● ● ● ●  B

　　愛美是人的天性，特別是婦女朋友們。但在不同國家，婦女對美的追求又不同。像印度婦女喜歡在前額正中點一顆紅痣，認為眉心點痣是一種喜慶而且吉祥的表徵，因此稱為「吉祥痣」。

20. 「東道主」中的「東道」指的是：

A. 方向　　　　　　B. 方位

小書蟲有文化・・・・・・・ ☞ A

東道一詞最早見於左丘明《左傳》一書中的《燭之武退秦師》。文中的燭之武對秦穆公說：「若舍鄭以為東道主，行李之往來，共其乏困，君亦無所害……」

意思是說：讓鄭國獨立存在，並作為東方道路上的主人（當時鄭國在秦國東方），秦國使者來來往往，由鄭國供應他們物資，對您也沒有什麼害處。這就是「東道主」一詞的由來。

21. 袈裟為什麼也叫百衲衣？

A. 由許多塊布補綴而成
B. 由許多戶人家捐贈

小書蟲有文化・・・・・・・ ☞ A

袈裟也有紅的、黃的、赭石……有些和尚，為了表白自己苦修苦練的心志，特地向民間化緣花花綠綠的雜碎布片，縫在一起做成袈裟，因此又叫做百衲衣。

22. 「經理」在現代指的是企業的管理職位，這一詞最早的意思是指：

A. 經營管理　　　　B. 治理

小書蟲有文化 ・・・・・・・・ B

《史記》裡的「經理」作治理講，到了現代才成爲一個職稱名詞。

23. 杜甫詩云：「曉看紅濕處，花重錦官城」。李白詩云：「錦城雖雲樂，不如早還家」。請問，成都為什麼又叫做「錦城」或「錦官城」？

A. 因蜀錦而得名　　B. 因錦江而得名

小書蟲有文化 ・・・・・・・・  A

成都很早就有發達的織錦手工業。著名的南方絲綢之路就是運送成都的綢緞到印度的商路。

24. 我們稱「柏油路」為「馬路」，為什麼叫「馬路」呢？

A. 為了紀念馬路的發明者

B. 以前專門供馬行走

 A

18世紀中期蘇格蘭人約翰·馬卡丹設計了「馬路」，這個名字就是為了紀念他而起的。

25. 在古代，「*爵*」是一種什麼器皿？

A. 食器　　　　　　B. 酒器

 B

爵是用於酌酒的器皿，是最早出現的青銅禮器。

爵的一般形式為：前有流，即傾酒的流槽，後有尖銳狀尾，中部為杯形，腹側有鋬，下配以三足，流通杯口之間有柱（可能為過濾之用）。

26. 巴黎的凱旋門與艾菲爾鐵塔一樣富有盛名。那麼，是誰下令建造了凱旋門呢？

A. 法國的拿破崙
B. 戴高樂為慶祝第二次世界大戰打敗納粹德國而下令修建的

小書蟲有文化 • • • • • • • • • • 👉 **A**

　　凱旋門位處巴黎市星型廣場中央，又稱「星型凱旋門」。巴黎的道路就是以這個廣場為中心向四面發散的。這個門是1806年當時的皇帝拿破崙下令修建。可是8年後拿破崙戰敗被流放到聖赫勒拿島，工程一度停止，後來的皇帝路易‧菲力浦下令繼續修建，直到1836年才終於建成。

27. 「黃花閨女」專指待嫁女子，所謂的「黃花」是：

A. 一種黃顏色的花
B. 古時女子用黃紙剪成的裝飾

小書蟲有文化 • • • • • • • • • 👉 **B**

　　古代女子在梳妝時會對著鏡子貼一些用黃紙剪成花形的裝飾品，於是後來「黃花」就引申為待嫁女子。

28. 把身體用繩子綁住之後從高處跳下，這個活動被稱為高空彈跳，有懼高症的人不能玩。高空彈跳是從什麼時候開始的？

A. 南太平洋的瓦努阿圖部落用來證明男孩長成男人的成人儀式，後來慢慢發展成了高空彈跳。

B. 澳洲年輕人用來證明勇氣的活動，一開始是因為有趣，後來演變成了一種運動。

小書蟲有文化 · · · · · · ·  A

　　大家都說高空彈跳一開始是一位紐西蘭人從巴黎艾菲爾鐵塔上跳下，從此便發展出這項活動。

　　其實，在此之前更嚴酷的高空彈跳便已存在，在南太平洋的瓦努阿圖部落，男孩的成人儀式就是用粗蔓拴住腳踝，從大約20公尺的高處跳下。男孩用克服恐懼，勇敢地跳下，證明自己的勇氣，才能獲得大家認可成為男人。

01. 世界環境日是哪一天？

A. 6月8日　　B. 6月5日　　C. 4月22日

小書蟲有文化 • • • • • • • • • ☞ B

　　1972年6月5日在瑞典首都斯德哥爾摩召開《聯合國人類環境會議》。此會議通過《人類環境宣言》，並提出以每年的6月5日為「世界環境日」。同年10月，第27屆聯合國大會通過決議並接受了該項建議。

02. 雖然已關機，但未拔下電源插頭的電視機、電腦、音響、洗衣機等家用電器，在待機狀態所耗電量，約占家庭總耗電量的百分之幾？

A. 5%　　　　B. 15%　　　　C. 25%

小書蟲有文化 • • • • • • • • • ☞ B

　　未拔下電源插頭的電器設備依舊會耗電，家用電器在待機的情況下，上頭的指示裝置在待機期間仍然會耗

電，這個時候的能耗就是一種能源浪費。以家用電腦為例，在睡眠狀態下能耗為7.5瓦，關機後只要插頭還沒拔掉，能耗是4.81瓦。

03. 有「咖啡王國」之稱的是下列哪個國家？

A. 巴西　　　　B. 古巴　　　　C. 智利

小書蟲有文化 • • • • • • •  A

　　拉丁美洲的巴西素以質優味濃的咖啡馳名全球，是世界上最大的咖啡生產及出口國，有「咖啡王國」之稱。

04. 全世界地勢最高之國是哪個國家？

A. 尼泊爾王國　　B. 荷蘭　　　C. 南美智利

小書蟲有文化 • • • • • • •  A

　　荷蘭以地勢低窪聞名。南美的智利則是最瘦長的國家。

05. 潮起潮落主要與下列哪項有關？

A. 太陽　　　　B. 月亮　　　　C. 水星

小書蟲有文化 • • • • • • • B

潮汐就是因為月球引力形成的，這個引力是月球對地球的引力，加上地球、月球轉動時的慣性離心力所形成的作用力。太陽的引力對潮汐也有影響，但太陽引力所產生的作用只有月亮的2/5。

06. 身處在地球抬頭觀看晴朗的天空會呈現藍色，這是因為以下什麼原因？

A. 大陸上的海水把天空映成藍色

B. 太陽光中的藍色光被物體反射成藍色

C. 太陽光中的藍色光被天空中的微粒散射成藍色。

 C

陽光進入大氣時，波長較長的色光透射力較大，能透過大氣射向地面，如：紅光；而波長較短的紫、藍、青色光，碰到大氣分子、冰晶、水滴等時，就很容易發生散射現象。當被散射的紫、藍、青色光佈滿天空，就使天空呈現出一片蔚藍了。

07. 月球引力是地球引力的幾分之幾？

A. 1/6　　　　　B. 1/4　　　　　C. 1/2

 A

月球跟地球表面的引力比為1：6。

08. 早期地球大氣中氧氣的來源是以下哪一項？

A. 陸地的森林　B. 海洋的藻類　C. 陸地的草原

小書蟲有文化 • • • • • • 👉 B

　　早期地球大氣中沒有氧氣，後來由於海洋裡藻類的分解獲得氧氣，逐步在陸地上形成森林、草原和動物。

09. 汽車城是以下哪一座城市？

A. 底特律　　　B. 利馬　　　　C. 伯恩

小書蟲有文化 • • • • • • 👉 A

　　利馬是無雨城；伯恩是鐘錶城。

10. 澳洲的大堡礁是世界最大的哪一類島群？

A. 火山島群　　B. 珊瑚礁群　　C. 大陸島群

小書蟲有文化 • • • • • • 👉 B

　　大堡礁是澳洲東北海岸外一系列珊瑚島礁的總稱，斷續綿延2600公里，是世界上最大的珊瑚礁群。礁體由約350種珊瑚骨骼堆積而成。

冷知識 全知道
原來是醬子！

11. 智利為什麼又被稱為「蛇國」？

A. 該國多產蛇

B. 該國版圖呈蛇形

C. 該國崇拜蛇

小書蟲有文化 • • • • • • • • • ☞ B

　　智利領土狹長，南北距離4330公里，而東西卻只有90～400公里，因版圖像蛇故得此名。

12. 「月有陰晴圓缺」是因為以下哪項原因所引起的？

A. 月亮繞地球運動

B. 地球繞太陽運動

C. 月亮自轉

小書蟲有文化 • • • • • • • • • ☞ A

　　月球本身並不發光，而是藉由反射太陽光的方式發光，月亮在繞地球運行的過程中，月球與地球、太陽的位置不斷發生變化，因此導致了月亮的圓缺變化。

13. 世界最南的城市是哪一個？

A. 烏斯懷亞城　　B. 蘇瓦　　　C. 龍宜爾比恩

小書蟲有文化 • • • • • • • • 👉 A

烏斯懷亞城位於阿根廷，是世界最南的城市。蘇瓦是世界最東的城市，位於斐濟。朗伊爾城是世界最北的城市，位於挪威。

14. 亞洲地區的人造衛星一般是在什麼時間發射？

A. 下午 4 點到 6 點

B. 晚上 7 點到 9 點

C. 夜間 11 點到凌晨 1 點

小書蟲有文化 • • • • • • • • 👉 B

人造衛星上的儀器能源系統包括追蹤太陽能板，儲存系統則是鎳氫電池，蓄電量有限。只有在這段時間發射，衛星升到一定高度之後才能以最佳的角度接受太陽的能源，接續蓄電池的工作，否則無法正常運作。

15. 在赤道附近測量1噸重的貨物被運到北極附近之後，重量會變成以下哪一項？

A. 大於 1 噸　　B. 等於 1 噸　　C. 小於 1 噸

小書蟲有文化 • • • • • • • ☞ A

　　物體在赤道離地心較遠，受到的地心引力就比較小，重量也比較輕；隨著緯度越高，地球半徑越小，物體所受到的引力也就越增加，測得的重量就會變重。

16. 影響海洋表面水溫高低的因素是以下哪一項？

A. 太陽輻射　　B. 地熱溫度　　C. 季節溫差

小書蟲有文化 • • • • • • • ☞ A

　　影響海洋表層水溫的因素有太陽輻射、沿岸地形、氣象、洋流等。海水表面溫度的高低，不僅受太陽輻射的影響，也隨時間和空間而變化。此外，寒暖流經過的區域，水溫也會受影響。一般來說，同一海域的水溫夏季較高，冬季較低。不同海域的水溫，低緯度地區較高，高緯度地區較低。暖流水溫高於流經海域的水溫，寒流水溫則低於流經海域的水溫。

17. 請問以下哪條河的下游又被稱為世界著名的「地上河」？

A. 海河　　　B. 淮河　　　C. 黃河

小書蟲有文化 • • • • • • • • ☞ C

　　黃河含沙量大，到了下游流速減緩，泥沙淤積在河底以致河床變淺，為防止河水漫溢而不斷加高堤壩，導致河流在高於地面的地方流動，因此被稱為地上河，又稱懸河。

18. 全世界唯一跨越兩個洲的城市是以下哪一項？

A. 庫斯科　　　B. 烏魯木齊　　　C. 伊斯坦堡

小書蟲有文化 • • • • • • • • ☞ C

　　庫斯科是印加文明的搖籃，印第安語的意思是離太陽最近的城市。烏魯木齊是離海最遠的城市。伊斯坦堡城是唯一跨歐亞兩洲的城市。

19. 地殼最厚的地方是哪裡？

A. 喜馬拉雅山的珠穆朗瑪峰

B. 日本富士山

C. 厄瓜多爾欽博拉索山

小書蟲有文化 • • • • • • • A

　　地球地層的最外層是由岩石組成的固體硬殼。按成分可分上、下兩層：上層為花崗岩層，又稱矽鋁層；下層為玄武岩層，又稱矽鎂層。與地函間以莫氏不連續面（莫霍面）為界。地殼厚度各處不同，平均為17公里。中國大陸地區平均厚度35公里，青藏高原處更厚達70公里，是世界上地殼最厚的地方。海底地殼平均厚度約為6公里，環太平洋深海溝區域的地殼厚度則不足2公里，是世界上地殼最薄的地方。

20. 太空人在太空中看到的星星比我們在地球上看到的多還是少？

A. 一樣多

B. 比我們看到的少

C. 比我們看到的多

小書蟲有文化 • • • • • • C

太空船離開地球大氣層後，太空人看到的天空比地球上的夜晚還要黑，因此可以看到更多更亮的星星。

21. 我們都知道太陽系有八大行星，其中最大的是哪一顆？

A. 土星　　　B. 海王星　　　C. 木星

小書蟲有文化 • • • • • • • • 👉 **C**

假設地球是一顆乒乓球大小，那麼木星就比籃球還大。

22. 一年內月亮的自轉圈數比公轉圈數多或少？

A. 自轉的圈數多
B. 公轉的圈數多
C. 一樣多

小書蟲有文化 • • • • • • • • 👉 **C**

月亮自轉和公轉一圈的時間相同，這是潮汐鎖定長期作用的結果。

23. 東京鐵塔的高度是多少？

A. 320 公尺　　B. 333 公尺　　C. 564 公尺

小書蟲有文化 • • • • • • • • ☞ B

　　東京塔高333公尺，比艾菲爾鐵塔還高出13公尺，具有抗颱風和地震的功能。

24. 被譽為「天下第一關」的是以下哪一項？

A. 山海關　　B. 嘉峪關　　C. 居庸關

小書蟲有文化 • • • • • • • • ☞ A

　　山海關的城樓上有一塊匾，上面寫著「天下第一關」；嘉峪關是長城西端的起點，號稱「天下雄關」；居庸關位於北京市昌平縣西北，南有南口，北有八達嶺。

25. 世界最高的城市是以下哪一項？

A. 努庫阿羅法市

B. 波托西城

C. 艾恩蔔格城

小書蟲有文化 • • • • • • • • ☞ B

波托西城位於玻利維亞安第斯山脈賽羅里科山的下方，海拔4000公尺，是世界上海拔最高的城市。

26. 中國大陸地勢最高的盆地是以下哪一項？

A. 準噶爾盆地　B. 塔里木盆地　C. 柴達木盆地

小書蟲有文化 ● ● ● ● ● ● ● ● 👉 C

　　柴達木盆地底部有海拔2600～3000公尺高，是中國大陸地勢最高的內陸盆地。

27. 太平洋是世界第一大洋，它的面積約占地球海洋表面的百分之幾？

A. 15 %　　　　B. 30 %　　　　C. 50 %

小書蟲有文化 ● ● ● ● ● ● ● ● 👉 C

　　太平洋的面積是17967.9平方公里，約占世界海洋總面積的一半，占地球表面積的1/3以上。

28. 「西出陽關無故人」中的「陽關」是指現在的哪裡？

A.甘肅　　　B. 陝西　　　C. 新疆

小書蟲有文化 • • • • • • • • •　☞ A

　　陽關位於甘肅省敦煌市西南70公里處的南湖鄉境內，因在玉門關以南，故名陽關。漢武帝開闢河西，「列四郡，據兩關。」其中一關便是指這裡。自古為絲綢之路，西出敦煌，通西域南道的必經關卡，為西部邊境之門戶。高僧玄奘從印度取經歸國，就是從天山南麓西入陽關回到長安的。

29. 在斟酒倒茶的時候為了向對方表示感謝，人們常會彎曲手指輕叩桌面，請問這起源於什麼禮節？

A. 朋友之間的見面禮
B. 官員之間的上下級之禮
C. 君臣之禮

小書蟲有文化 • • • • • • • • •　☞ C

　　相傳乾隆皇帝下江南微服私訪時，因為必須扮作百姓，隨從們朝見或者請旨問安時，不方便行「三跪九叩」

之禮，但是在當時的封建社會之中，這些君臣之禮不可廢除，於是有一個臣子提出以「手」代「首」，三指彎曲表示「三跪」，指頭輕叩九下表示「九叩首」。後來演變成民間斟酒倒茶之時，客人向主人表示感謝的禮節，叩擊的次數也隨意。

30. 高爾夫球類似古代哪項遊戲？

A. 擊鞠　　　　B. 捶丸　　　　C. 蹴鞠

 小書蟲有文化・・・・・・・☞ B

擊鞠就是古代的馬球，蹴鞠類似現代的足球。

01. 在古代，代表中國法律象徵的是哪一種動物？

A. 馬　　　　　　　　B. 虎
C. 獨角獸　　　　　　D. 龜

 C

　　皋陶是中國司法的鼻祖。傳說他在執法時，經常利用家裡養的一隻獨角獸來判斷是非，如果獨角獸碰過哪個人，那個人最後就會敗訴，沒有一次失誤過。於是後來獨角獸就成了中國法律的象徵。

02. 美國1787年憲法規定誰有解釋憲法的權力？

A. 國會　　　　　　　B. 總統
C. 最高法院　　　　　D. 國務院

 C

美國憲法中並沒有關於釋憲權歸屬的規定。與解釋

憲法的權力相關者，即「違憲審查權」或者「司法審查」，屬於聯邦最高法院的職權。

03. 小孩缺乏哪一種元素會影響視力？

A. 錳　　　　　　B. 鉻

C. ATP　　　　　D. 鐵

 B

　　人體內必須含有微量元素鉻，若缺乏會引起眼部晶狀體和眼壓改變，使晶狀體變凸及屈光度增加而造成近視。此外體內鉻元素不足，還會妨礙蛋白質與脂肪的正常代謝，尤其影響氨基酸的正常運轉，使血液膽固醇的水準升高，加速動脈硬化、高血壓等疾病的發展，而這些病變對視力均有一定的危害。

04. 唾液可以止血，是因為唾液中含有什麼樣的活細胞。

A. EAB　　　　　B. ECF

C. ECE　　　　　D. EFC

 B

　　唾液止血的奧祕，在美國著名科學家史丹利·科恩

（Stanley Cohen）的努力下提出了證明。他發現唾液中有一種叫ECF的活細胞。這種由53個氨基酸組成的多?類物質，最大的特點就是能促進細胞的增殖分化，以新生的細胞代替衰老和死亡的細胞。ECF無疑已揭開人類生長與衰老的面紗。科恩也因此榮獲1986年諾貝爾醫學獎。

05. 香港腳又稱「腳氣」是真菌感染所引起的。而腳氣病卻與維生素B群的缺乏有關，缺少維生素B群中的哪一類，易導致腳氣病。

A. 維生素 B1
B. 維生素 B2
C. 維生素 B6
D. 維生素 B12

小書蟲有文化 • • • • • • • A

維生素B1也稱硫胺素、抗神經炎素或抗腳氣病因子。抗神經炎素是對維生素B1的最早稱謂，硫胺素的名字則是根據其化學性質而來，因為缺乏硫胺素可導致腳氣病，因此又被稱為抗腳氣病因子。腳氣病和「腳氣或香港腳」常令人混淆，腳氣病主要是由於缺乏維生素B1，損害神經血管系統，最終引起心臟病。至於導致腳趾脫皮和糜爛的「腳氣或香港腳」，卻是由真菌感染所引起。腳氣病與我們常見的「腳氣或香港腳」是兩回事。

06. 劇烈運動之後，應休息半小時再洗澡或沐浴，目的是為了？

A. 防止暈厥的發生　　B. 防止感冒
C. 防止腰腿疼痛　　　D. 防止腿腳疼痛

小書蟲有文化・・・・・・・・　 B

　　運動結束後，體內的熱量還沒有全部蒸發，散熱過程還在持續，這時候如果進行冷水浴，就會迫使皮下血管、肝腺驟然收縮，導致體內熱能無法散發，造成熱量大量積聚使人體生病。同時，運動所消耗的能量尚未得到補充，此時人體免疫機能就會下降，如果進行冷水浴，體溫迅速下降，細菌、病毒就會乘虛而入，引起感冒、發燒等疾病。另外，運動後馬上進行冷水浴，神經系統的調節活動會因冷刺激而引起紊亂，造成肌肉痙攣等症狀。

07. 肥肉在人體內消化後最終會變成什麼？

A. 二氧化碳、水　　　B. 二氧化碳、水、尿素
C. 乳酸　　　　　　　D. 甘油和脂肪酸

小書蟲有文化・・・・・・・・　 D

　　肥肉富含脂肪，會使人肥胖，但當它進入人體後，必須先被分解成甘油和脂肪酸才能被小腸吸收利用。脂

肪的熱量是醣類的1倍多，攝入脂肪過多，很容易造成熱量攝取超過自身的需要，因而被儲存起來，導致肥胖。

08. 毛髮的主要成分是什麼？

A. 脂肪　　　　　　　　B. 角質蛋白
C. 維生素 A　　　　　　D. 維生素 B

小書蟲有文化 • • • • • • • • 👉 Ｂ

　　毛髮的主要成分是角質蛋白。它是由多種氨基酸所組成，其中以胱氨酸的含量最高，可達15.5%，蛋氨酸和胱氨酸的比例為1：15。健康頭髮中，胱氨酸含量約為15%～16%，燙髮後胱氨酸含量降低為2%～3%，同時出現原先沒有的半胱氨酸。所以說燙髮有損髮質健康。

09. 父親的血型為 A 型，母親的血型為 AB 型，子女的血型不可能為哪一種型？

A. A 型　　　　　　　　B. B 型
C. O 型　　　　　　　　D. AB 型

小書蟲有文化 • • • • • • • • 👉 Ｃ

　　父親的血型為A型，母親的血型為AB型，所生子女的血型可能為A型、B型、AB型，但絕對不可能是O型。

10. 人體分解及代謝酒精的器官是以下哪一項？

A. 腎 　　　　　　B. 胃
C. 肝 　　　　　　D. 脾

 C

　　肝臟是分解和代謝酒精的器官，長期大量飲酒會導致酒精性肝炎，進而會發展為肝硬化。

11. SOD（Superoxide dismutase）是過氧化物歧化酶（或超氧化物歧化酶），有預防衰老的功效，被廣泛運用於化妝品中。除植物中含有此物質外，動物的血液中也有，它主要存在於以下哪一項？

A. 紅血球 　　　　B. 白血球
C. 血小板 　　　　D. 都含有

 A

　　自1969年美國科學家首次發現從牛的血液細胞中可提取SOD，從此引起世界各國生物界的極大關注。

12. 人的一生中，心臟大約會跳動幾次。

A. 15 億 　　　　　 B. 20 億

C. 25 億 　　　　　 D. 27 億

小書蟲有文化 • • • • • • •  D

　　人每分鐘心跳70次，按75歲計算，人一生心跳約2,759,400,000次。

13. 牙刷應該多長時間換一次？

A. 不超過 2 個月 　　 B. 不超過 3 個月

C. 不超過 6 個月 　　 D. 不超過 8 個月

小書蟲有文化 • • • • • • • B

　　連續使用超過兩個月以上的牙刷，會有白色念珠菌、溶血性鍊球菌、肺癌桿菌以及葡萄糖球菌等病菌。可引起急性扁桃腺發炎、咽喉炎等疾病，對於免疫系統不健全的人，易導致風濕熱、急性腎小球腎炎。所以每次刷牙完畢後，必須先將牙刷沖洗乾淨，置於乾燥處，牙刷的刷頭朝上，並且每隔三至五天用醋浸泡一次，每三個月更換一把新牙刷，以確保潔淨衛生。

14. 下列人體各部位中汗腺最多的是哪個部位？

A. 頭部　　　　　　B. 手掌
C. 腋窩　　　　　　D. 背部

 B

　　汗腺是皮膚的附屬結構之一。人體中，以手掌和足底汗腺最多。汗腺是單層上皮細胞組成的細管狀結構，位於真皮深部的一端盤曲成團，被稱爲分泌部，負責分泌汗液，至於排泄部則是細而直，開口位於皮膚表面。

15. 平素體弱又不常運動的人，在蹲下時突然站起，往往出現頭暈、眼前發黑，甚至暈倒等現象，其原因是什麼？

A. 貧血　　　　　　B. 饑餓
C. 直立性低血壓　　D. 高血壓

 C

　　直立性低血壓是由於體位改變時，血液不能及時供應大腦的需要，使得大腦一時缺氧，只要動作慢一點就沒事了。

16. 維生素的主要作用是什麼？

A. 供給熱量　　　　B. 構成人體組織成分
C. 促進生長和代謝　D. 潤滑器官

小書蟲有文化 • • • • • • • C

　　維生素是生物生長代謝必須的微量有機物。人或動物一旦缺乏維生素，便不能正常生長，而且會發生病變。

17. 下列不屬於人體正常生長必須的元素是哪一項？

A. 鐵　　　　　　　B. 磷
C. 鉀　　　　　　　D. 氯

小書蟲有文化 • • • • • • •  A

　　人體生長必須的元素（或稱常量元素macroelement）包括：鈣、氮、氧、氫、碳、硫、磷、鎂、鉀、鈉、氯等，含量均占體重的萬分之一以上。另外，人體所需的微量元素（microelement）有：釩、錳、鐵、鈷、銅、鋅、硒、碘等。

18. 下面哪一種是更有效、更平衡的補鈣方法？

A. 吃鈣片　　　　　　B. 喝骨頭湯

C. 喝牛奶　　　　　　D. 吃蔬菜

 C

　　最有效又最便捷的補鈣方法就是喝牛奶。每100克牛奶通常含有110～130毫克的鈣，每日只要飲用250～300毫克的鈣，再加上膳食中其他鈣的來源，便可達到成年人每日推薦的鈣攝取量。

19. 如果父母雙方的血型均為A型，那麼子女的血型將是什麼？

A. A型或O型　　　　　B. AB型

C. O型　　　　　　　D. A型

 A

　　A型血型的組成有AA和AO兩種基因。若父母雙方均為A型，且基因都是AA的話，子女只有可能是A型；若雙方父母的基因都是AO，子女的血型就有A型和O型兩種可能；若一方的基因為AA，另一方為AO的A型父母，則子女的血型基因組成就會出現AA或AO所形成的A型血

型。所以說，如果父母雙親血型都是A，那麼子女血型會出現A和O兩種機率，但絕不可能有AB和B。

20. 一般我們所稱的粗糧，是指下列哪一項？

A. 大麥、玉米、蕎麥、小米
B. 小麥、大麥、麵粉、玉米
C. 大麥、麵粉、玉米、蕎麥
D. 麵粉、玉米、蕎麥、小米

 A

習慣上一般稱麵粉以外的糧食為粗糧。

21. 胃液的生理作用不包括以下哪一項？

A. 啟動胃蛋白酶，促進胰液分泌
B. 殺滅進入胃內的細菌
C. 促進小腸對鐵的吸收
D. 促進維生素 B12 的吸收

 D

胃液的主要成分及其生理作用如下：

胃酸：殺死進入胃的細菌，啟動胃蛋白酶，提供胃蛋白酶所需的酸性環境進行蛋白質分解，促進小腸對鐵

和鈣的吸收，並且進入小腸後，酶引起激素的釋放。

胃蛋白酶：這種酶被啓動後能夠水解蛋白質，主要作用於蛋白質及多肽分子中含苯丙氨酸或酪氨酸的肽腱上。

黏液：與胃黏膜所分泌的物質一起構成屏障，以保護胃黏膜免受胃酸和胃蛋白酶的侵蝕。

內因數：與維他命B12結合形成複合物，以免被小腸內的水解酶破壞，當複合物運至迴腸後，便與迴腸黏膜的受體結合，並促進維他命B12的吸收。

22. 在下列4種血型中，只有哪種血型的受血者可以接受任何一種血型輸血者的血液？

A. A 型　　　　　　B. B 型
C. O 型　　　　　　D. AB 型

　　　　　　D

O型血可以輸給血任何一種血型的人，而AB型的人可以接受任何一種血型所輸出的血，除了這兩種血型以外，其他血型都只能接受同種血型的安全輸血。因此，O型血被稱爲「萬能輸血者」，AB型則被稱爲「萬能受血者」。

23. 沒有再生能力的人體組織是以下哪一項？

A. 頭髮　　　　　　B. 皮膚

C. 腦細胞　　　　　D. 骨骼

小書蟲有文化 • • • • • • • • 👉 C

　　人的腦細胞共有1000億個，每年損失3550萬個，而且從不再生。

24. 中國最長的河流是長江，長6300多公里，然而人體內的血管總長度更長，請問血管的總長度有多少公里？

A. 2 萬公里　　　　B. 6 萬公里

C. 10 萬公里　　　　D. 12 萬公里

小書蟲有文化 • • • • • • • • 👉 C

　　皮膚是人體表面積最大的器官，而血管系統則是人體內最龐大的系統。血管系統由靜脈、動脈和毛細血管所組成，成年人的血管總長約為10萬公里，連接起來可以繞地球兩圈，表面積超過0.5公頃。

25. 成人每次捐血應控制在多少毫升的範圍內？

A. 200～400 毫升　　B. 250～500 毫升

C. 300～500 毫升　　D. 350～600 毫升

 A

　　成人每次捐血量一般為250毫升，最高不得超過500毫升，每次間隔不可少於2個月。

26. 有的人白天工作效率高，有的人夜晚工作效率高，這是因為下列哪一項的關係？

A. 人生理時鐘的週期定律　B. 環境適應力

C. 自制能力　　　　　　　D. 社交能力

 A

　　人的生理時鐘在形式和效率上都有著自己內在的規律性，比如說：人的注意力就有自然的起伏。不只是注意力，所有生理時鐘的效率都有規律，以此做指標就會發現，有的人白天工作效率不太高，一到晚上就很有效率，但有的人則相反。如果一個人生理時鐘經常處於紊亂狀態，不管是什麼原因造成的，都需要就醫或是尋求協助。

27. 有的人容易暈車和暈船，是因為體內的平衡感受器接收到了刺激，這個感受器位於哪裡？

A. 心臟裡　　　　　　B. 小腦裡
C. 胃裡　　　　　　　D. 耳朵裡

小書蟲有文化 • • • • • • • • D

　　這個感受器位於耳朵的內耳裡，分為周圍前庭系和中樞前庭系，對維持身體平衡最為重要。

28. 正常人體的血漿呈現酸性或鹼性？

A. 酸性　　　　　　　B. 鹼性
C. 中性　　　　　　　D. 無法判斷

小書蟲有文化 • • • • • • • •  B

　　pH值小於7的溶液呈酸性，pH值大於7的溶液呈鹼性。正常人體血漿的pH值基本上在7.35～7.45之間。劇烈運動後，血漿pH值會降低；而嬰兒啼哭時，肺部換氣過度，血漿pH值會增高。

29. 血漿是血液的組成成分之一，請問血漿占血液總量的百分之幾？

A. 30%～35%　　　　B. 40%～45%

C. 55%～60%　　　　D. 60%～65%

 C

血漿占血液總量的55%～60%。其中91%～92%是水分，其他成分8%～9%（蛋白質、脂類、礦物質等）。

30. 因外傷發炎的情況下，驗血時往往會發現血液中的什麼成分增多？

A. 紅血球　　　　B. 白血球

C. 血小板　　　　D. 血紅蛋白

 B

當身體某處受傷或病菌侵入時，白血球便會穿過毛細血管壁聚集到受傷的部位，吞噬病菌，傷口周圍也會出現紅腫現象，這就是我們平時說的「發炎」，當病菌被消滅後，發炎症狀也就消失了。

31. 人走路時擺動雙臂主要是為了什麼原因？

A. 減少能量消耗　　　B. 校正頭部位置
C. 平衡走路姿勢　　　D. 加快行走速度

小書蟲有文化 • • • • • • • C

　　當身體快要倒下時，人體自然而然就會擺動雙臂，使身體重新站穩。兩臂的擺動，主要是在調整身體重心，以恢復平衡。最好的例子就是當體操運動員站在平衡木上時，也常常會出現這樣的動作；雜技演員走鋼絲，也必須伸開雙臂來掌握重心，保持平衡，並且經常在手中拿著長長的竹竿，或者花傘、彩扇等。這些物品的就像「延長的手臂」，可以幫助身體平衡。

32. 人體含水量百分比最高的器官是以下哪一項？

A. 眼球　　　　　　　B. 大腦
C. 肝臟　　　　　　　D. 腎

小書蟲有文化 • • • • • • •  A

　　水母是所有動物中體內含水量最多的。而人眼的晶狀體結構與水母身體結構相似，具有鎖水的功能，因此眼球的含水量是人體器官中最高的。

33. 骨髓受到X光損害後會引起什麼樣的問題？

A. 再生障礙性貧血　　B. 缺鐵性貧血
C. 溶血性貧血　　　　D. 巨幼紅血球性貧血

小書蟲有文化 • • • • • • • •  A

X光過度照射，會導致骨髓造血機能障礙。

34. 蛋白質是由氨基酸組成的，請問大約有幾種氨基酸？

A. 18　　　　　　　　B. 20
C. 25　　　　　　　　D. 30

小書蟲有文化 • • • • • • • • B

　　人體內蛋白質的種類很多，性質、功能各異，大約由20種氨基酸按不同比例組合而成的，並在體內不斷進行代謝與更新。被攝取的蛋白質在體內經過消化分解成氨基酸吸收後，在體內按一定比例重新組合成人體所需的蛋白質，同時新的蛋白質又不斷代謝分解。因此，人類所攝取的食物中，蛋白質的質和量以及各種氨基酸的比例，都關係到人體蛋白質的合成。

35. 維生素是動物體內不可缺少的營養素，一旦缺少就會引起各種疾病。夜盲症是因為缺少哪種維生素所引起的？

A. 維生素 A
B. 維生素 B 群
C. 維生素 C
D. 維生素 D

小書蟲有文化 • • • • • • • • ☞ A

夜盲症是因為體內缺乏維生素A，引發黃昏後看不清楚的症狀。白天視覺幾乎正常，但眼睛對弱光的敏感度下降，一旦進入黃昏便會因為光線漸暗而看不清物體。

36. 一般情況下，一根頭髮最多可以吊起多重的物體？

A. 70 克
B. 170 克
C. 270 克
D. 370 克

小書蟲有文化 • • • • • • • • ☞ B

一根頭髮能吊起170克重的物體，相當於一個大蘋果的重量。如果把100根頭髮纏在一起，足以吊起一位體重正常的成年人。

37. 體重超過規定標準重量的百分之幾以上就需要減肥？

A. 5%　　　　　　　B. 10%

C. 15%　　　　　　D. 25%以上

小書蟲有文化 · · · · · · · · D

　　體重是反應一個人健康狀況的重要指標。過胖和過瘦都不利於健康，也不會給人健美的感覺。

38. 壞血病是因為缺乏下列哪一項而造成的？

A. 維生素 A　　　　B. 維生素 B 群

C. 維生素 C　　　　D. 維生素 D

小書蟲有文化 · · · · · · · ·  C

　　壞血病是由長期缺乏維生素C所引起的疾病，主要有角化性毛囊丘疹、牙齦炎和出血等症狀。多多食用新鮮水果和綠葉蔬菜，補充維生素C，就可以避免此類症狀。因維生素C是一種水溶性維生素，性質不穩定，在儲存、烹調過程中極易被破壞，所以食用時必須以新鮮、未加工的生菜為宜。亦可直接食用維生素C，症狀輕微者每日食用100～500mg，嚴重者每日食用600～900mg，若有吸收困難的狀況，可以肌肉注射或靜脈注射方式攝取。

39. 引起生長激素分泌作用最強的因素是：

A. 高血糖 　　　B. 低血糖
C. 高血脂 　　　D. 低血脂

 B

　　血糖、氨基酸與脂肪酸等，均能影響生長激素的分泌。當血糖降低時，生長激素分泌最強，而氨基酸和脂肪酸則是增多時引起生長激素增加分泌。此外，性激素、甲狀腺激素、運動和飲食等均能影響生長激素的分泌。

40. 人類體內由多種氨基酸結合而成的高分子化合物是什麼？

A. 核酸 　　　B. 酶
C. 蛋白質 　　　D. 脂肪

 C

　　蛋白質是生物體的主要組成物質，由多種氨基酸結合而成。

41. 人類的主要造血器官是以下哪一項？

A. 心臟　　　　　B. 骨髓

C. 脊髓　　　　　D. 大腦

 B

當人體尤其是骨頭受到傷害大量出血時，骨髓中的造血球便會開始工作進行補血。

42. 糖尿病的典型症狀不包括以下哪一項？

A. 多飲多食　　　B. 多汗

C. 多尿　　　　　D. 消瘦

 B

糖尿病的典型症狀包括：口渴、多飲、多尿、多食和消瘦（體重下降），只要出現典型症狀，就應就醫檢查。

43. 飯後應休息多久之後，才能進行劇烈運動？

A. 10 分鐘後　　　　B. 15 分鐘後
C. 20 分鐘後　　　　D. 30 分鐘後

小書蟲有文化 • • • • • • • • ☞ D

　　運動時，人體便會啟動適應性調節，使肌肉內的血液流量增大，因此流經消化器官的血液量便會減少，因此減弱胃、腸蠕動，消化腺的分泌能力也隨之降低，因而影響消化作用。經常在飯後立刻進行劇烈運動，會引起消化不良和胃、腸疾病。因此，一般飯後應休息半小時到一個半小時再進行體育活動較為適宜。

44. 人處在寒冷環境中的哪一項反應是為了增加身體熱能？

A. 心跳加快　　B. 肝臟代謝活動加強腎上腺素分泌
C. 打寒顫　　　D. 內分泌增加

小書蟲有文化 • • • • • • • • ☞ C

　　打寒顫的作用是為了透過肌肉的快速抖動（震顫）以產生熱能緩解寒冷的感受。

45. 舌頭的哪個部位對甜味最敏感？

A. 舌尖　　　　　B. 舌兩側
C. 舌根　　　　　D. 舌中間

 A

　　鹹、甜、苦、酸是4種基本的味覺，各種味道都可以由這4種加以調製出來，舌頭的不同部位對於這4種味覺刺激的敏感程度都不同：舌尖對甜味、舌根對苦味、兩側後半部對酸味、兩側前半部則鹹味刺激最敏感。

46. 人的中樞神經系統中，負責控制面部表情的是以下哪一項？

A. 脊髓　　　　　B. 中腦
C. 小腦　　　　　D. 延髓

 B

　　小腦位於腦幹的背側，有維持肌肉張力、保持身體平衡、協調肌肉運動等機能；中腦有維持肌肉張力的功能，受損害時會導致顏面表情能力喪失；身體各部分的運動和感覺能力等功能，都是由大腦各個部位專職控管，大腦是神經系統的最高級中樞。

47. 人體散熱量最多的部位是哪裡？

A. 頭頂　　　　　　　B. 手掌心
C. 足底　　　　　　　D. 背

 A

頭頂所散去的熱量，幾乎佔全身散熱量的一半。

48. 人類的消化道由口腔到肛門，總常共約幾公尺？

A. 3　　　　　　　　B. 5
C. 7　　　　　　　　D. 9

 D

人類的消化道由口腔到肛門，約長9公尺。

49. 眉毛的生長週期有多長？

A. 一個月　　　　　　B. 二個月
C. 三個月　　　　　　D. 六個月

小書蟲有文化 • • • • • • • 👉 B

　　眉毛的生長和替換也有一定的規律，並非連續不斷，而是呈週期性。毛髮的生長週期分為三個階段：生長期（即活躍期）──休止期──脫落期。眉毛、睫毛的生長期約為2個月，休止期可長達3～9個月，之後便自然脫落。毛髮生長的速度會受性別、年齡、部位和季節等因素的影響而不同。

50. *不論是兒童、成年或老年人，只要鈣攝取不足都會影響健康，導致罹患各種疾病，鈣的吸收與哪種維生素有關？*

A. 維生素 A　　　　　B. 維生素 B 群
C. 維生素 C　　　　　D. 維生素 D

小書蟲有文化 • • • • • • • 👉 D

　　維生素D最常見的是維生素D2和D3。在腸道中，維生素D3以某種形式被吸收進入血液，轉化成另一種活性形式，再到相應器官中發揮作用。維生素D3促進鈣質的吸收主要發生於兩個部位：小腸和腎臟。在小腸中，維生素D的活性形式可以誘發一種能與鈣結合的蛋白質，這種蛋白質能與鈣離子結合，成為載體將鈣轉運到血液中。這種蛋白質還能增加小腸黏膜對鈣的吸收，透過小腸黏

膜直接轉運進入血液。在腎臟裡，維生素D的活性形式效
用更直接，能夠促進腎臟對鈣和磷進行重吸收，減少鈣
和磷的流失。

01. 世界三大公害是什麼？

小書蟲有文化 • • • • • • •

環境污染、吸毒販毒和青少年犯罪。

02. 請列舉出四種常見的毒品。

小書蟲有文化 • • • • • • •

鴉片、嗎啡、海洛因、大麻、古柯鹼、冰毒、搖頭
丸、LSD。

03. 請列舉出四種傳統的賭博形式。

小書蟲有文化 • • • • • • •

撲克、麻將、牌九、骰子、象棋、鬥雞、鬥蟋蟀。

04. 人有「七情六欲」，請問七情是指哪幾種「情」？

小書蟲有文化 • • • • •

七情是指人的情緒變化，即喜、怒、憂、思、悲、恐、驚。在一般的情況下，七情是人類對客觀外界事物的反應，屬於正常的精神浮動範圍。如果因為長期的精神刺激或突然受到劇烈的精神傷害，超過了人體生理活動所能調節的範圍，就會引起體內陰陽、氣血的失調，臟腑、經絡功能的紊亂，從而導致疾病的發生。

05. 為什麼沒有完全一樣的人呢？

小書蟲有文化 • • • • •

因為人有46條染色體，經由父母雙方染色體結合可形成的數目超過800萬，每個染色體又攜帶了1250個遺傳基因。因此要出現基因完全一樣的兩個人，機率是1/109031。

06. 娛樂活動要注意哪些？

小書蟲有文化 • • • • • •

A. 娛樂有度，不可放縱，不可通宵達旦，聽音樂音
量不宜過大。

B. 娛樂要因人而異，活動量與年齡、體質相適應。

C. 娛樂或外出旅遊要避免過於疲勞，注意飲食衛生，
防止病從口入。

D. 嚴禁賭博或色情違法犯罪活動。

07. 人體缺鐵會引起什麼病？鐵的主要來源是哪些食物？

小書蟲有文化 • • • • • •

　　鐵是構成血紅蛋白的重要成分，人體缺鐵可引起缺
鐵性貧血，主要來源於動物的肝臟、腎、瘦肉、血，以
及蛋黃、豆類和多種蔬菜。

08. 娛樂活動有何作用？

小書蟲有文化 • • • • • •

　　健康的娛樂活動不僅能幫助人們消除疲勞，舒暢精神，還有陶冶情操、健身防病的作用。

09. 在血液中，血漿的主要功能是什麼？

小書蟲有文化 • • • • • •

運載血球，運輸養分和廢物。

10. 均衡營養的原則是什麼？

小書蟲有文化 • • • • • •

A. 不挑食、不偏食、食物多樣化。

B. 安排好一日三餐，特別要重視早餐。

C. 食品要葷素、粗細搭配，多吃新鮮蔬菜水果。

D. 適當增加奶、蛋、瘦肉和豆類等優質蛋白，少吃鹽、甜食和動物脂肪。

E. 科學烹調，儘量減少食物中營養素的破壞和損失。

11. 為什麼自己呵癢不會笑？

小書蟲有文化 • • • • • • •

　　大腦對呵癢的感受，就像是面對某種危險降臨一樣。當瞬間反射性的恐懼過去後，大腦發現其實並沒有任何危險，便會下意識放心地笑起來。而自己呵癢時，一種被稱作「推斷性釋放物」的資訊會率先傳至大腦，令大腦為即將做出的運動做好準備，這樣一來，大腦對呵癢的感覺變得遲鈍，就不會發笑了。

12. 居室衛生有哪些要求？

小書蟲有文化 • • • • • • • •

A. 適宜的溫度與濕度

B. 光線充足

C. 通風良好，空氣清潔

D. 安靜、整潔，生活方便。

13. 漢朝時所謂「儲蓄」指的是什麼？

小書蟲有文化 • • • • • •

　　古時儲蓄是儲備糧食的意思。在中國儲備一詞最早見於《後漢書》，「左者急耕嫁之業，致耒耜之勤，節用儲備，以備凶災」。這裡的儲蓄指的就是積穀防災。

14. 全羊餐是哪個少數民族的傳統食物？

小書蟲有文化 • • • • • •

　　全羊餐是蒙古族的傳統食物。

15. 中國最大的古典藝術石窟是哪一個？

小書蟲有文化 • • • • • •

　　甘肅敦煌莫高窟。敦煌莫高窟是甘肅省敦煌市境內的莫高窟和千佛洞的總稱，是中國著名的四大石窟之一，也是世界上現存規模最宏偉、保存最完整的佛教藝術寶庫。

16. 漢白玉石就是一種名貴的石頭嗎？

小書蟲有文化 • • • • • • •

　　是。白玉就是純白色的大理石，是一種石灰石。因為從古代起，就慣於使用這種石料製作宮殿中的石階和護欄，所謂「玉砌朱欄」，華麗如玉，所以稱作漢白玉。天安門前的華表、金水橋、紫禁城內的宮殿基座、石階、護欄都是用漢白玉製作的。

17. 第一位以「詩書禮樂」教誨弟子的教育家是誰？

小書蟲有文化 • • • • • • •

　　孔子。春秋戰國時期，孔子不僅是散文大家，還是一位與古時宮廷樂師截然不同的音樂家，他認為音樂是人表達思想與感情的重要手段。他和許多來自民間的音樂家聚集在一起，形成新的潮流，並且也把音樂帶到了課堂上。

18. 「鵲橋」有時候也被稱為「藍橋」嗎？

小書蟲有文化 • • • • • • •

　　不對。人們常用「鵲橋」表示夫妻相會，而用「魂斷藍橋」形容夫妻失信。據《史記・蘇秦列傳》記載：蘇秦像燕王描述過一個「尾生抱柱」的故事。相傳有一位叫做尾生的人，與一名如花似玉的女子相約於橋下相會。但女子並沒有出現，尾生不願失約，一直在橋下等候，直至水漲到了橋面，尾生就這樣抱著柱死於橋下。據《西安府志》記載，這座橋就位於陝西省藍田縣的蘭峪水上，被稱為「藍橋」。從此，若發生夫妻一方失約，另一方殉情的故事，人們便以「魂斷藍橋」來比喻之。

19. 在婚禮上放鞭炮的目的是什麼呢？

小書蟲有文化 • • • • • • •

　　為了震妖除邪。相傳古代有一位姓王的人家娶媳婦，誰知在準備拜天地的時候竟出現了兩位新娘，兩位都說對方是假的，是妖怪變的。主人沒有辦法，只好請出月老來辨認。月老問了幾個問題，兩位新娘的回答都很正確。無奈之下，月老只好建議王家報官，請求縣令來解決這個問題。聰明的縣官為了辨識真假新娘，命衙役在空地上樹立了兩根兩丈長的柱子，讓兩位新娘爬上去：

「誰先上去，就允許誰跟王家公子結婚。」那位妖怪化身的新娘很快就爬到了柱頂。於是縣官命人放鞭炮，用纏著鞭炮的弓箭射向柱子上的新娘，這時妖怪立刻化作一團青煙消失了，只見柱頂掉下一張狐狸皮。從那時候起，人們在結婚時都會放鞭炮，以示震妖除邪，象徵吉利的意思。這種做法，一直流傳至今。

機智王的通識館

A 型肝炎和 B 型肝炎的傳播途徑是一樣的嗎？

最早的撐竿跳是允許運動員順竿爬上去的？

電視機遙控器所發出的是什麼射線？

可以邊吃月餅邊飲茶嗎？

希臘神話中的「金蘋果」代表什麼？

實用的健康、天文、文學、歷史資訊一把抓，

古今世界的神奇奧妙就讓機智王解釋給你聽！

01. 人類的外耳道長約2.5公分,而人眼可辨別800萬種深淺不同的色調。

機智王神解密 • • • • • • • • ☞ 對

　　另外,耳朵是由外耳、中耳和內耳組成。外耳由耳廓、外耳道和耳膜組成。

02. 人的胃充滿時容量約有5000毫升。

機智王神解密 • • • • • • • • ☞ 錯

人的胃充滿時容量約有3000毫升。

03. 「左撇子」的動作比「右撇子」更為敏捷,這是有一定道理的。

機智王神解密 • • • • • • • • ☞ 對

從神經反應路線來看,右撇子的傳導路線是「右半

球—左半球—右手」，而左撇子的傳導路線是「右半球—左手」。由於少一道過程，所以理論上而言，左撇子的動作比較敏捷。

04. 膽汁是從膽分泌出來的。

機智王神解密 • • • • • • • ☞ 錯

膽汁來自於肝，膽只是負責貯藏膽汁，卻不分泌膽汁。膽汁注入腸子中，有促進食物消化的作用。膽汁味苦色黃，故膽病多見膽汁逆流，導致口苦、嘔吐苦水以及膽液外溢、面目發黃等症狀。

05. A型肝炎和B型肝炎的傳播途徑是一樣的。

機智王神解密 • • • • • • • ☞ 錯

A型肝炎主要是通過口腔傳染，預防方式就是要避免「病從口入」，注意飲食衛生。B型肝炎則是通過血液、體液、母體垂直感染。因此捐血人所捐贈的每一袋血，都要經過B型肝炎表面抗原（HBsAg）的篩檢。HBsAg呈「陽性」或「無法確認」的血液必須銷毀，不能供給醫療使用。

06. 男性和女性的肝臟重量是一樣的。

機智王神解密 • • • • • • • • ▬▬☞ 錯

　　肝臟是人體最大的消化腺，具有分泌膽汁，儲存肝糖及解毒等重要機能。其質地柔軟，呈紅褐色，重量相當於成人體重的2%，男性肝臟重量為1154～1446公克，女性為1028～1378公克。

07. 膀胱容量有500～800毫升，最大容量達1000毫升。

機智王神解密 • • • • • • • ▬▬☞ 錯

　　膀胱容量只有300～500毫升，最大容量達800毫升。

08. 遇到很大的聲響，比如火車拉汽笛時，把耳朵搗起來並張開嘴，可以保護耳朵。

機智王神解密 • • • • • • • ▬▬☞ 對

　　過大的聲響會對耳朵產生很大的壓力，這種壓力由外耳道進入耳朵，壓力過大時可能導致耳膜破裂，甚至

造成耳朵出血。如果在這時張開嘴，咽鼓管（又稱歐氏管）就打開了，使得鼓室內外的壓力一樣，也就減弱了聲音對耳朵內部所造成的震動。

09. 男性和女性的聲音不一樣，是因為男性的聲帶比女性的聲帶更短更薄。

機 智 王 神 解 密 • • • • • • • ☞ 錯

　　人的喉部構造之中，有一個像琴弦一樣的東西，稱為聲帶。肺部的氣息振動聲帶，將聲波變成嗓音。男性的聲帶因為更長更厚，故聲音低沉。這就是男女聲音不同的緣故。

10. 心臟終生都不休息。

機 智 王 神 解 密 • • • • • • • ☞ 錯

　　心房和心室的心動週期均為0.8秒，心房的心動週期中0.1秒跳動，0.7秒休息，心室的心動週期中0.2秒跳動，0.6秒休息。

11. 邊吃月餅可以邊飲茶？

機智王神解密 • • • • • • ■■■☞ 對

　　邊吃月餅邊飲茶，一則可以止渴、解油膩、助消化；二則爽口增味，助興添趣。當然喜歡飲酒的人，吃月餅時可以酒代茶，別有一番風味。

12. 「紫砂陶器」的歷史悠久，紫砂陶器的黃金時代是在唐宋時期。

機智王神解密 • • • • • • ■■■☞ 錯

　　紫砂陶器歷史悠久，最遠可上溯到春秋戰國時期，越國著名的大夫范蠡曾在宜興製陶，人稱「陶朱公」。明清時代，宜興的陶器業空前繁榮，史上稱之為「黃金時代」。那時的文人士大夫階層在廳堂中陳設宜興紫砂陶，儼然成為一種時尚。

13. 「指桑罵槐」與桑樹和槐樹沒有關係。

機智王神解密 • • • • • • ■■■☞ 錯

　　這個成語的意思是指著桑樹罵槐樹，比喻表面上罵

這個人，實際上是罵另一個人。出自清·曹雪芹《紅樓夢》第十六回：「咱們家所有的這些管家奶奶，那一個是好纏的？錯一點兒她們就笑話打趣，偏一點兒她們就指桑罵槐的抱怨。」

14. 拔河始於春秋時期的吳國。

機 智 王 神 解 密 ● ● ● ● ● ● ● ● ■■■ ☞ 錯

　　拔河始於春秋時期的楚國，距今已有2400年的歷史。楚國地處大江南北，水道縱橫，除陸軍外，還擁有一支強大的水軍舟師，並曾發明一種專門用於水上作戰的兵器，叫做「鉤拒」。當敵軍被擊敗撤退時，楚軍便使用鉤拒將敵船鉤住，使勁往後拉。後來鉤拒從軍中流傳至民間，逐漸演變成了拔河比賽。

15. 中國佛教是在唐朝時期傳入日本的。

機 智 王 神 解 密 ● ● ● ● ● ● ● ● ■■■ ☞ 對

　　唐朝時期，鑑真和尚東渡日本，對日本佛學有著巨大的貢獻。日本歷史上稱鑑真和尚為「天平之甍」，意思就是他的成就足以代表天平時代文化的屋脊，是一位偉大的人。

16. 袈裟由許多塊布補綴而成，所以又叫百衲衣。

機智王神解密 • • • • • • • • ☞ **對**

　　袈裟是和尚們為了表白自己苦修苦煉的心志，特地徵求民間花花綠綠的雜碎布片，縫在一起做成袈裟，又叫百衲衣。

17. 「畢氏定理」是周朝的商高最先發現的？

機智王神解密 • • • • • • • • ☞ **對**

　　據《九章算術》記載，畢氏定理是3000多年前周朝的商高發現的，後來漢朝的趙爽對此做過註解，因此畢氏定理又被稱為「商高定理」。

18. 和尚「合掌」是一種佛教禮法，表示吾心專一的意思。

機智王神解密 • • • • • • • • ☞ **對**

　　《觀音義疏》中寫道：「手本二邊，今合為一，表

示不敢散誕，專至一心，一心相當故，以此表示敬也。」
由此可見「合掌」是佛門見面時的一種禮儀，表示衷心
敬意。

19. 「鸚鵡學舌」這個詞語源自於哪一則寓言故事？

機智王神解密 • • • • • • • ■■■☞ 錯

　　「鸚鵡學舌」比喻別人怎麼說，就跟著怎麼說。出
自宋‧釋道原《景德傳燈錄‧趣州大殊慧海和尚》：「如
鸚鵡只學人言，不得人意。經傳佛意，不得佛意而但誦，
是學語人，所以不許。」

20. 「木雕」藝術是在新石器時代出現的。

機智王神解密 • • • • • • • ■■■☞ 對

　　中國的木雕藝術起源於新石器時代，距今已經有七
千多年的歷史。在浙江餘姚河姆渡文化，就已經發現了
木雕藝術。

21. 最早的撐竿跳是允許運動員順竿爬上去的。

機 智 王 神 解密 • • • • • • • ☞ 對

　　最早的撐竿跳高是用裝有金屬三股叉的桿子插在地上，運動員爬桿而上，在桿子將要傾倒時，迅速推離越過橫槓。根據記載，第一個世界紀錄誕生於1817年，成績為2.92公尺。至1889年，新的比賽規則開始禁止爬桿，並使用竹竿當撐竿。1906年，竹竿被正式用於撐竿跳中，此時的撐「桿」改為撐「竿」。

22. 奧運會傳遞火炬的儀式是從古希臘傳下來的。

機 智 王 神 解密 • • • • • • • ☞ 錯

　　這種儀式是直到1936年在柏林舉行的第11屆奧運會上才開始的。

23. 運動員犯規時必須舉起右手。

機智王神解密 • • • • • • •  錯

　　運動員犯規舉的是左手，這個習慣起源於古代國外的司法制度。那時犯人入獄後，必須在犯人左手掌刺上符號，以說明此人犯過罪。參加法庭審判時，被告人必須舉起左手，而且指頭要伸直，以便瞭解這個人以前是否犯過罪。後來這種做法逐漸運用到競技場上，運動員以舉起左手表示犯規。

24. 日月潭位於廣西省。

機智王神解密 • • • • • • •  錯

　　日月潭是台灣著名的風景區，是台灣八景中的絕勝，也是台灣唯一的天然湖泊，其天然風姿可與杭州西湖媲美。

二選一

01. 美味的糕點叫「點心」，「點心」的稱呼來自：

A.「點點心意」這個含義

B. 很多糕點都是「心」形的

機 智 王 神 解 密 • • • • • • • A

　　相傳東晉時期一個大將軍，見到戰士們日夜血戰沙場，英勇殺敵，屢建戰功，甚爲感動，隨即傳令烘製民間喜愛的美味糕餅，派人送往前線慰勞將士，以表「點點心意」。自此以後「點心」的名字便傳開了，並一直沿用至今。

02. 人們常把許多人同時做某件事叫做「一窩蜂」，「一窩蜂」這個詞來自於：

A. 馬蜂窩　　　　　B. 一個人的綽號

機 智 王 神 解 密 • • • • • • • B

「一窩蜂」是南宋農民起義時其中一位領袖的綽號，

由於他領導的軍隊浩大，後來人們便稱他的軍隊爲「一窩蜂」。這個詞在當時並沒有貶義。

03. 兩家人結親我們常稱爲結成「秦晉之好」，「秦晉」原指：

A. 秦國和晉國　　　B. 姓秦和姓晉的兩個人

機智王神解密 • • • • • • • • • 👉 Ⓐ

　　春秋戰國時期諸侯國征戰頻繁，爲緩和衝突，諸侯國之間會舉辦聯姻。當時秦國和晉國結成世代婚姻，所以後人將聯姻稱爲「秦晉之好」。

04. 埃及法老的金字塔前有座獅身人面像，金字塔和獅身人面像哪個歷史比較久遠呢？

A. 獅身人面像更古老，這是研究過底層結構所得出的結論
B. 獅身人面像坐落在金字塔前方是爲了保護金字塔，所以金字塔更古老

機智王神解密 • • • • • • • • • 👉 Ⓐ

　　金字塔據說是4500年前建造的，但獅身人面像更早。研究人員指出：獅身人面像下部有被雨水侵蝕的痕跡，

但金字塔上卻沒有，因此證明獅身人面像的歷史比金字塔還要早。

05. 中國傳統書畫所用的是下列哪種紙？

A. 卡紙　　　　　B. 宣紙

機智王神解密 • • • • • • • • B

宣紙與中國古代「四大發明」之一的造紙術息息相關。宣紙是從蔡倫的造紙術發展演變而來。

06. 「應聲蟲」這個詞出自唐代張鷟的《朝野僉載》。在這個故事裡，應聲蟲讀到以下哪個藥名就不出聲了？

A. 雷丸　　　　　B. 白藥

機智王神解密 • • • • • • • • A

這個詞出自唐代張鷟的《朝野僉載》。

傳說古時候有個人突然得了一種怪病：每當他說完一句話，就聽到自己的肚子裡發出聲音把他剛才說過的話重複一遍。這個人趕緊找到一位名醫，醫生診斷結果，原來他肚子裡有一條愛跟著人說話的「應聲蟲」。

醫生建議他把醫書《本草》裡的藥名從頭到尾大聲

讀一遍，如果讀到那蟲子不敢跟著念的藥名，那就是治蟲的藥了。這人照著醫生的吩咐做了。當他讀到「雷丸」時，應聲蟲突然沒有聲音，於是他便服了這種藥，治癒了怪病。

 07. 「不入虎穴，焉得虎子」指的是哪一位漢朝使者？

A. 張騫　　　　　　　B. 班超

機智王神解密 ● ● ● ● ● ● ● ● ● ● 👉 **B**

東漢時，漢明帝召見班超，派他到新疆去，和鄯善王交朋友。剛到新疆時，鄯善王把班超奉為上賓。哪知過了幾天，匈奴使者在鄯善王面前，說了東漢許多壞話。鄯善王於是拒不接見班超，態度十分冷淡，甚至還派員監視班超。班超立刻召集幕僚商量對策。

班超說：「只有除掉匈奴使者才能消除主人的疑慮，兩國和好。」

可是班超的人馬不多，而匈奴兵強馬壯，防守又嚴密。

班超說：「不入虎穴，焉得虎子！」這天深夜，班超帶了士兵潛到匈奴營地將匈奴人全部用大火燒死，亂箭射死。鄯善王明白真相後，便和班超言歸於好。

08. 「新郎」這個稱呼最初是指：

A. 官名 　　　　　B. 人名

機智王神解密 • • • • • • •  A

　　「郎」這個稱呼在漢朝時期就有了。中央官署裡的侍從官，通稱為「郎」。到了唐朝時，則對六品以下的官員通稱為「郎」。在封建社會裡官貴民賤的思想下，百姓都尊稱上述官員為「郎官」或「郎君」。

　　自從唐朝開科取士，凡中了進士的人，就有做官的資格。他們被分派到中央官署任「校書郎」、「祕書郎」等「郎」職。所以當時人們稱呼新科進士為「新郎官」。

09. 「千里送鵝毛」中的鵝是一隻：

A. 白家鵝 　　　　B. 白天鵝

機智王神解密 • • • • • • •  B

　　南宋羅泌撰《路史》載：唐朝貞觀年間，雲南特史緬伯高帶著一批寶物和一隻長得十分可愛的白天鵝去京城朝見唐太宗。不料半路上白天鵝飛跑了，只抓住一根鵝毛。緬伯高急壞了，他想來想去，實在無計可施，只好把這根鵝毛用錦緞包好，並寫了一首詩，去見唐太宗。

詩云：

　　天鵝貢唐朝，山高路遠遙。

　　沔陽湖失寶，倒地哭號啕。

　　上複唐天子，請饒緬伯高。

　　禮輕人意重，千里送鵝毛。

　　後來，人們就用「千里送鵝毛」來形容「禮輕人意重」了。

10. 最早的「模特兒」是：

A. 時髦美麗的青年男女

B. 用木料、黏土等製作的玩偶

機 智 王 神 解 密 ● ● ● ● ● ● ● ☞ B

　　1573年，義大利修道士山姆・瑪律，用木材、黏土製作成玩偶，並替玩偶取名叫瑪尼奇諾。不久這種木製的玩偶在法國和荷蘭受到青睞，人們爭相製作這種玩偶，並稱它為「模特兒」。後來這種模特兒傳到了巴黎，一位女裁縫想出個新花樣，用模特兒向顧客展示自己設計的新式服裝，收到極好的效果，於是其他的裁縫也爭著效仿女裁縫的方式。這就是模特兒的由來。

11. 瓷器的發明大約有多少年的歷史？

A. 5000　　　　　B. 4000

機智王神解密 • • • • • • • •  B

　　瓷器的發明已有近四千年的歷史。陶瓷原料矽酸鹽無毒，特別適用於瓷器，還有造型典雅、釉面光滑、便於拭洗等優點，現在已成為世界使用得最廣泛、最受歡迎的生活用具。

12. 西方歷史悠久的萬聖節也叫：

A. 鬼節　　　　　B. 南瓜節

機智王神解密 • • • • • • • •  A

　　萬聖節又稱鬼節。據說早在西元前住在英倫三島、法國一帶的凱爾特人每逢10月31日都要為死亡和黑暗之神舉行慶祝活動。西元4世紀以後，凱爾特人被羅馬帝國征服。兩個民族的習俗漸漸融合在一起。後來基督教傳遍了歐洲，遂把11月1日定為萬聖節，由於它與鬼節相差僅一天，後來人們就乾脆將其合而為一。這就是萬聖節又稱鬼節的來歷。

13. 「不倒翁」又叫「扳不倒」，原來是褒獎人的詞語，它的由來與什麼有關？

A. 卞和　　　　　　　B. 海瑞

機智王神解密 ● ● ● ● ● ● ● ● ●  A

　　相傳在春秋時，楚國的卞和在荊州的荊山採得一塊璞玉，外表看來是石頭，卻有美玉包藏其中。卞和兩次將璞玉獻給楚王，楚王見不過是塊頑石，又聽信讒言，便先後剁去卞和的兩足逐出宮門，卞和含冤而去。

　　楚文王接位之後，發現那果然是塊美玉，遂命製成玉璧，命名為「和氏璧」。楚文王見卞和削去雙足，仍堅持自己的想法，不禁讚嘆：「和氏真是個扳不倒之翁也！」這就是「不倒翁」的由來。

14. 北京頤和園原是帝王的行宮和花園，昆明湖占全園面積的3/4，湖中有一座南湖島，由一座美麗的十七孔橋與岸上相連。十七孔橋是園內最大的一座橋梁，長達多少公尺？

A. 140　　　　　　　B. 150

機智王神解密 ● ● ● ● ● ● ● ● ● B

頤和園是目前保存最完整的古代中國皇家園林之一，1998年被聯合國列入世界文化遺產。十七孔橋是頤和園最大的橋，全長150公尺，此外十七乃九重天的意思。

15. 風速每秒達到多少公尺時，人無論採取什麼姿勢都會被吹跑？

A. 15 秒　　　　　　　　B. 35 秒

機智王神解密 • • • • • • • 👉 B

　　風速的大小常用幾級風來表示。

　　0級風又叫無風。

　　2級風叫輕風，樹葉微有聲響，人面感覺有風。

　　4級風叫和風，樹的小枝搖動，能吹起地面灰塵和紙張。

　　6級風叫強風，大樹枝搖動，電線有呼呼聲，打雨傘行走有困難。

　　8級風叫大風，樹的細枝可折斷，人迎風行走阻力甚大。

　　10級風叫狂風，陸地少見，可拔起樹木，對建築物損害較重。

　　12級以上的風叫颶風，摧毀力極大，陸地少見。

16. 如果用手抓著冰就會發現手指被黏住了，但這時不用害怕，因為一會兒冰就融化了。手指為什麼會被冰黏住？

A. 皮膚會出汗，一旦接觸到冰，指尖的汗液凍了起來，就和冰黏在一起了。

B. 手碰到冰後，冰會因為手指的溫度而有少許融化，融化的冰又馬上凝結起來，就黏住手指了。

機智王神解密 • • • • • • • B

　　人類的體溫大約是36℃～37℃，凍得硬梆梆的冰，一接觸到溫暖的手指，冰的表面會有少許融化變成水。不過因為冰的溫度非常低，融化的水立刻又凝結成冰，因此手指就被黏住了。

17. 雨水除了含有灰塵外還含有細菌嗎？

A. 對　　　　　　　B. 不對

機智王神解密 • • • • • • •  A

　　多數空氣中的細菌都是以孢子的形式存在於接近地面的空氣裡，一個普通的雨點可能在降落過程中便攜帶了數以萬計的孢子。事實上，由於雲是水汽在空氣微粒

周圍凝結而成的，很多雨點可能自形成起就包裹了細菌孢子。

 18. **聲音在哪裡傳播得更快？**

A. 空氣中　　　　　B. 水中

機智王神解密 • • • • • • • • • ■■■☞ B

聲音在空氣中的傳播速度是340米/秒，聲音在水中的平均傳播速度約為1450米/秒，比在空氣中的傳播速度快約4倍。

19. **寫字或畫畫的時候，圓珠筆用起來很方便。可是如果把筆尖朝上頂在紙面寫字，是否還可以正常書寫？**

A. 不管是朝上還是朝別的方向都可以寫，直到筆水用完為止。

B. 剛開始的時候可以寫，但是時間長了就會漸漸寫不出來了。

機智王神解密 • • • • • • • • ■■■☞ B

圓珠筆的筆尖上有一個金屬小球，在小球後面有裝滿筆水的細長筆芯。圓珠筆出水是靠金屬小球滾動，才

能夠寫字、畫畫。但是，一旦筆尖朝上，筆水就會向筆
的尾部流去，久而久之就寫不出來。將筆與紙面平行也
是同樣狀況。如果支撐小球的金屬部分與紙面摩擦過度，
小球就會脫落或者壞掉。

所以說，當紙與筆成60~90度角的時候是最佳書寫狀
態。

20. *有人說，人類大多數的疾病都與基因有關。那麼，能否依靠基因技術的發展，完全避免這類缺陷基因的出生呢？*

A. 能　　　　　　　B. 不能

機 智 王 神 解 密 • • • • • • • • ☞ Ⓑ

人類發生疾病的一部分原因是基因在參與人的生長
發育過程中，某些情況下發生了突變，該工作的沒有工
作，不該工作的反而開始工作了，因此導致人體機能的
紊亂。另外一部分原因還有外界因素，各種外界因素加
乘作用之下，也會發生疾病。

21. 觀察指針錶面，我們會發現秒針是向右轉的。不光是秒針，分針和時針也是向右旋轉的。這是為什麼？

A. 錶是中國人發明的。中國所在的北半球，日晷的影子是向右運動的。

B. 發明錶的人是個右撇子。

機 智 王 神 解 密 • • • • • • • ☞ Ⓐ

　　錶的指標向右旋轉，是因為日晷影子的運動是向右旋轉的。據說日晷是很久很久以前中國人發明的，當時中國人就知道太陽是按照一定的規律運動，並根據太陽的影子，發明了用來計時的日晷。中國處在北半球，日晷的影子都是向右旋轉的。因此現在錶上的指針也是向右旋轉。

22. 電視圖像是靠電磁波傳遞的嗎？

A. 是　　　　　　　　B. 不是

機 智 王 神 解 密 • • • • • • • ☞ Ⓐ

　　當你打開收音機，聽到的是電磁波傳來的聲音。打開電視機，聽到的、看到的也是電磁波傳來的聲音和圖像。行動電話、無線對講機、雷達、衛星等也是靠電磁

波傳遞資訊的。電磁波在資訊的傳遞中扮演著非常重要
的角色。

23. 在觀賞鍊球、舉重這類費力的體育項目時，運動員們在投擲或舉起的時候，都會大聲地喊出來。所以說，大聲叫喊會使力氣增大嗎？

A. 大聲叫喊只會費力，是沒有用的。

B. 大聲喊出來能鼓勵自己，情緒對肌肉的活動存在一定的影響力。

機智王神解密 • • • • • • • • ☞ **B**

經過科學證明，大聲叫喊會使肌肉在瞬間使出很大的力氣。如果身體長時間活動，肌肉使出的力氣就會變弱。但是如果大聲地喊一下，瞬間就會變得很有力氣。

24. 浴室使用的磨砂玻璃是不透明的，但是如果貼上透明膠帶，玻璃就會變透明了！這是為什麼？

A. 磨砂玻璃表面是凹凸不平的，如果貼上膠帶，凹凸就不見了

B. 透明膠有像眼鏡鏡片的作用，所以貼上之後就什麼都可以看到了

機智王神解密 • • • • • • •

　　磨砂玻璃的兩個面中，只有一個面是磨砂的！這個磨砂面上面有很多小小的凹凸點。在工廠裡，磨砂玻璃是用細小的沙子摩擦，或者被金屬刷過，才變得凹凸不平。磨砂面會使光線向各個方向反射（或稱漫反射），所以才看不到另一面的東西。但是一旦貼上透明膠帶，膠帶上的黏液會補平玻璃上的凹凸。有了光滑的面，漫反射就不能進行，也就可以看到對面了。除此之外，在磨砂面上潑上水或者油，玻璃也會變透明。

25. 使用哪一種燈更節約能源？

A. 白熾燈　　　　　B. LED燈

機智王神解密 • • • • • • •

　　LED燈比白熾燈的效率高、壽命長、且亮度相當，因此更節約能源。

26. 乘坐電梯上下移動時，我們會覺得體重變重或者變輕了，體重是否真的變了？

A. 是心理作用，體重不會改變。

B. 體重發生了改變。

機智王神解密 • • • • • • • • ☞ B

　　物體重量其實就是物體本身受到地球引力的大小。例如體重為50公斤的人，乘坐電梯開始向上運動，到達一定速度之前，體重會變得比50公斤重。這是因為人類的體重與電梯向下的慣性力相加，當然超過了50公斤。相反地，乘坐電梯下降的時候體重變輕是因為慣性力向上與體重相抵的緣故。

27. 電視機遙控器所發出的是什麼射線？

A. 紫外線　　　　　　B. 紅外線

機智王神解密 • • • • • • • • ☞ B

　　電視機遙控器其實就是一個紅外發射裝置，按鍵被按下後，晶片根據按鍵發出不同的紅外線信號，電視機接收到後解碼，然後根據命令進行不同的操作。

28. 朝保溫瓶裡灌開水，發出的聲音是越來越高嗎？

A. 是　　　　　　　B. 不是

機智王神解密 • • • • • • • A

隨著水位升高，音調逐漸升高。

01. 「終南捷徑」中的主人翁以哪種方式做了官？

A. 隱居　　　　B. 出家　　　　C. 占卜

機智王神解密 • • • • • • • • • 👉 Ⓐ

　　唐朝的盧藏希望能做官，便隱居在離京城只有咫尺之遙的終南山，後來果然以「高士」的名義獲召做官。當時人們認爲隱居是通向做官的途徑，也就是「終南捷徑」。

02. 王昭君沒有得到漢元帝召見就遠嫁匈奴單于，最直接的原因是什麼？

A. 王妃對她的陷害
B. 畫師歪曲她的形象
C. 大臣說她的壞話

機智王神解密 • • • • • • • • 👉 Ⓑ

　　王昭君是中國歷史上才貌雙全的四大美女之一，但

她因不肯行賄宮廷畫師毛延壽而被醜化，失去了獲得漢元帝青睞的機會而被派往匈奴和親。漢元帝知道這件事情之後，便將畫師毛延壽問斬。

03. 成語「擲地有聲」原指晉朝人孫綽誇讚自己的什麼才幹？

A. 文章好　　　B. 人品好　　　C. 名氣大

機智王神解密 • • • • • • • A

晉人孫綽是當時的名士，他寫了一篇《天台山賦》，自認為寫得很好，得意地對他朋友說，就算扔在地上也會發出鏗鏘響亮的聲音。後簡化為「擲地有聲」，形容文章優美，字字有分量。

04. 被譽為「鞠躬盡瘁，死而後已」的人是誰？

A. 諸葛亮　　　B. 關羽　　　C. 魯肅

機智王神解密 • • • • • • •  A

語出三國諸葛亮的《後出師表》：「臣鞠躬盡瘁，死而後已。」意思說，我一定會小心謹慎，竭盡全力貢獻出全部精神和力量，一直到死為止。

05. 人們把女子垂在前額的整齊短髮稱之為「劉海」，請問這個名詞最初指的是什麼？

A. 孩子的名字

B. 小孩前額的頭髮

C. 小孩腦後的辮子

機智王神解密 ● ● ● ● ● ● ● ● ● A

　　這個名詞來源於一個傳說。有一個叫做劉海的仙童，前額垂著短髮，模樣童稚可愛。此後畫家畫仙童肖像，便以劉海為樣，作為美好的象徵。而後孩子或婦女額上留的短髮，便被稱為「劉海」。

06. 「天行有常，不為堯存，不為桀亡」這是古代哪位思想家的言論？

A. 老子　　　　B. 墨子　　　　C. 荀子

機智王神解密 ● ● ● ● ● ● ● ● ● C

　　這句話出自戰國末年著名思想家荀況的著作《荀子》。

07. 「草聖」是指哪位書法家？

A. 張旭　　B. 王羲之　　C. 張芝

機智王神解密 • • • • • • • • 🖝 **A**

張旭，字伯高，又字季明，吳郡（江蘇蘇州）人。張旭為人灑脫不羈，豁達大度，卓爾不群，才華橫溢，學識淵博，是一位極有個性的草書大家。張旭的書法，以草書成就最高，史稱「草聖」。

08. 子在川上曰：「逝者如斯夫！不舍晝夜。」其中「逝者」指的是什麼？

A. 失去的人　　B. 消逝的時光　　C. 流淌的水

機智王神解密 • • • • • • • • 🖝 **B**

時間就像這奔流的河水一樣，不論白天黑夜不停地流逝。

09. 「東風不與周郎便，銅雀春深鎖二喬。」這首詩的作者所生活的年代，與詩中所描述的歷史事件所發生的年代，大約相隔了多久

A. 400 年　　　B. 500 年　　　C. 600 年

機智王神解密 • • • • • • • • 👉 C

　　這首詩是唐代詩人杜牧所寫的《赤壁》。赤壁之戰發生在西元208年，杜牧的年代則是西元8百多年間，相差了大約600年。其實，只要知道杜牧是晚唐詩人，這一題就不難了。他和李商隱被後人合稱為「小李杜」，是晚唐非常有名的一位詩人。

10. 筵席中，只是暫時離開，待會還會再繼續用餐，這時可以把筷子直放在碟子或調羹上。請問筷子如何放置，代表已經酒醉飯飽，不再用膳了。

A. 斜放在碟子上
B. 橫放在碟子上
C. 分開放在碟子上

機智王神解密 • • • • • • • • 👉 B

將筷子橫放在碟子上，那就表示酒醉飯飽，不再進

膳了。吃飽但不收拾碗碟,表示「人不陪君筷陪君」。這種橫筷的禮儀,自古就有了。橫筷禮一般用於平輩或比較熟悉的朋友之間。小輩為了表示對長輩的尊敬,必須等長者先橫筷之後才可跟著這麼做。

11. 《史記》是西漢文學家兼思想家——司馬遷的不朽之作,其中《本紀》有幾篇?

A. 30 篇　　　　B. 12 篇　　　　C. 10 篇

 B

《本紀》有12篇,寫的是歷代帝王的政績;《世家》有30篇,記錄歷代王侯將相等人的事蹟;《列傳》有20篇,寫的是名人以及下層社會一些主要或者特殊人物的傳記。

12. 下列有關《三國演義》的描述,哪一項正確?

A. 劉備字玄德,曹操字孟德,張飛字翼德。
B.「三英戰呂布」,「三英」是一個地名。
C.「桃園三結義」指的是關羽、張飛、趙雲。

 A

「三英戰呂布」是《三國演義》中的一個故事情節,

講的是劉備、關羽、張飛三位英雄在虎牢關與呂布大戰的故事，見《三國演義》第五回。「桃園三結義」的主人翁是劉備、關羽和張飛。

13. 信奉佛教的人常雙手合十，口唸「阿彌陀佛」，「阿彌陀佛」是指什麼？

A. 一尊佛的名字
B. 經文警句
C. 一種意念

機智王神解密 • • • • • • ☞ A

阿彌陀佛掌理「西方極樂世界」。印度佛經《阿彌陀經》上說，信佛者只要常念阿彌陀佛的名號，臨死之前佛就會現前，將虔心禮佛者接引至「極樂世界」。所以，佛教的信仰者經常口念「阿彌陀佛」。

14. 在重陽節插茱萸是一項重要的風俗，那麼這裡的茱萸是指以下哪一項？

A. 草　　　B. 果實　　　C. 花

機智王神解密 • • • • • • ☞ B

茱萸是一種可以做中藥的果實。它是一種小喬木，果實在秋後成熟，嫩時呈黃色，成熟後變成紫紅色。

15. 假如你剛好來到一座寺廟外，需向一位僧人問路，你應該怎麼稱呼呢？

A. 出家人　　　B. 和尚　　　C. 大和尚

機智王神解密 • • • • • • • •  C

　　見到僧人，一般要稱「法師」或「大和尚」，不要直稱為「出家人」、「和尚」，這些稱呼是不禮貌的。

16. 「喇叭」是對什麼樂器的俗稱？

A. 嗩吶　　　B. 海笛　　　C. 手笛

機智王神解密 • • • • • • • • A

　　嗩吶又名喇叭，小嗩吶稱手笛，大嗩吶又稱海笛。嗩吶是指在木製的錐形管上開八孔（前七後一），管的上端裝有細銅管，銅管上端套有雙簧的葦哨，木管上端有一銅質的碗狀擴音器。嗩吶雖有八孔，但第七孔音與筒音超吹音相同，第八孔音與第一孔音超吹音相同。

17. 馬頭琴是哪一民族的拉絃樂器？

A. 蒙古族　　　B. 藏族　　　　C. 苗族

機智王神解密 • • • • • • • •  A

　　馬頭琴是中國少數民族——蒙古族的拉絃樂器，因琴杆上端雕有馬頭而得名。馬頭琴的歷史悠久，是唐宋時期拉絃樂器「奚琴」發展演變而來。成吉思汗時（1155～1227年）已流傳民間。

18. 瘦肉是蛋白質的最佳來源，能為人體補充哪種營養素？請問肉類的最佳儲存溫度在幾度到幾度之間？

A. 鐵；-4^0C～-12^0C
B. 維生素；-4^0C～-12^0C
C. 鋅；3^0C～-9^0C

機智王神解密 • • • • • • • •  A

　　豬肉能為人類提供優質蛋白質和必須的脂肪酸，除此之外，還有血紅素（有機鐵）和促進鐵吸收的半胱氨酸，能改善缺鐵性貧血。

19. 呼吸系統的起始器官是以下哪一項？

A. 鼻腔　　　　B. 口腔　　　　C. 呼吸道

 A

　　呼吸系統包括呼吸道和肺臟兩大部分。在人體呼吸道的起始部分，有一個呼吸器官——鼻子，它具有吸塵器、加濕器和暖氣的作用。因在吸氣過程中，有的灰塵被鼻毛擋住了，有的灰塵被鼻腔黏膜分泌的黏液黏住了。這種黏液除了能黏住吸入空氣裡的灰塵和細菌之外，還有使鼻腔保持濕潤的作用。

20. 月餅含有豐富的油脂和糖分，受熱受潮極易發黴、變質。一般來說，月餅的保存期限不超過幾天？並且最好是放置在冰箱的什麼位置？

A. 5 天；微凍室
B. 15 天；0 度恆溫室
C. 10 天；低溫冷藏室

 C

　　月餅的餡一般分為軟硬兩種，軟餡中含水分較多，只能保存7～10天左右，而硬餡月餅則可保存1個月左右。

中秋月餅是應時食品，最宜現產、現銷和現買、現吃，不宜擺放過久，才能保持月餅的色、香、味和應有的特殊風味。

21. 體溫計上所標示的最高刻度是多少？

A. 40°C　　　B. 42°C　　　C. 45°C

機智王神解密 ● ● ● ● ● ● ● B

由於人體溫度最高不會超過42°C，最低不低於35°C，所以體溫計的刻度一般會在35°C～42°C。

22. 葉菜類很容易黃掉，要保持新鮮，放冰箱是一種好辦法。請問放進冰箱之前該不該清洗？冰箱溫度必須控制在幾度之內比較合適？

A. 要；3°C～9°C
B. 不要；0°C～4°C
C. 不要；2°C～-2°C

機智王神解密 ● ● ● ● ● ● ● B

葉菜類存放冰箱時，溫度最好控制在0°C～4°C之間，外層套上保鮮袋，或者放進保鮮盒儲藏，才能達到保鮮

效果。記得儲藏前最好不要清洗，放置時間不宜過長，否則很容易就爛掉了。

23. 酒精會麻痺人腦的哪一個部位？

A. 大腦　　　　B. 腦幹　　　　C. 小腦

機智王神解密 • • • • • • •  C

　　飲酒過量會加重肝臟的負擔，白酒裡的酒精會麻痺小腦，每年死於酒精中毒的人並不在少數。

24. 除了礦物質和維生素以外，牛奶還含有哪種營養素，在體力消耗較快的夏季，多喝牛奶不僅能解渴，增加食欲，還能補充體力。

A. 糖　　　　B. 蛋白質　　　　C. 礦物質

機智王神解密 • • • • • • •  B

　　每100克牛奶含蛋白質3.5克，脂肪4.0克，碳水化合物5克，鈣120毫克，磷93毫克，鐵0.2毫克，硫胺素0.04毫克，核黃素0.13毫克，尼克酸0.2毫克，另外還有42毫克的維生素A，1毫克的維生素C。牛奶蛋白質中賴氨酸含量僅次於蛋類，膽固醇含量每100克中僅含16毫克。

25. *1990年時哪一個組織曾提倡將精神情緒保健內容納入初級衛生保健，並指出：「所有能增進健康的活動，都應十分重視人們的精神和情緒健康」。*

A. WHO　　　B. WTO　　　C. WIO

機智王神解密 • • • • • • • • A

WHO是聯合國世界衛生組織World Health Organization的縮寫。WTO是世界貿易組織的World Trade Organization的縮寫。

26. *關於血液的組成，以下哪一項描述正確？*

A. 血清、血球
B. 血漿、紅血球、白血球
C. 血漿、血球

機智王神解密 • • • • • • • • • C

血液由血球和血漿兩部分組成。血球包括：紅血球、白血球和血小板三類。血漿包括：水、血漿蛋白（白蛋白、球蛋白和纖維蛋白元）、礦物質（多數以Na^+、K^+、Ca^{2+}、Mg^{2+}、Cl^-等離子形式存在）、非蛋白有機物（氨基酸、尿素、尿酸、肌酐、葡萄糖、脂類）等。

27. 缺乏維生素B2易導致以下哪一項？

A. 脂漏性皮炎、唇炎

B. 腳癬

C. 夜盲症

機 智 王 神 解 密 • • • • • • • **A**

　　維生素B2對生長發育很重要，當缺乏維生素B2時，不單會出現口角炎，還可能患唇炎、舌炎、脂漏性皮炎等。男性青少年，在維生素B2缺乏時，陰囊的側壁很容易出現皮疹、紅斑、發生陰囊皮炎。同時缺乏維生素B2還會影響到眼睛，長期攝取不足，眼睛會出現畏光、眼皮紅腫等等。

28. 如果說電腦既有「貓」又有「鼠」，「鼠」是指我們用的滑鼠，而「貓」又代表什麼呢？

A. 記憶體（memory）

B. 數據機（modem）

C. 顯示器（monitor）

機 智 王 神 解 密 • • • • • • • **B**

數據機是一種數位信號與類比信號的轉換設備。

　　由於電腦處理的是數位信號，而電話線傳輸的是類比信號，所以在電腦和電話線之間需要一個連接設備，這個設備就是數據機。電腦輸出的數位信號透過這項設備變換為適合電話線傳輸的類比信號，到了接收端，再將接收到的類比信號變換為數位信號由電腦處理。

29. 以下哪個選項是海洋能源利用中，發展最早、規模最大、技術較成熟的一種。

A. 潮汐發電　　B. 波力發電　　C. 潮流發電

機 智 王 神 解 密 • • • • • • • ■■■ ☞ A

　　潮汐是指海水受到月球和太陽引力而產生的週期性漲落現象，而潮汐能源是海水漲落所產生的動能。

30. 用生理食鹽水擦拭電極夾能產生什麼作用？

A. 增強導電性　B. 例行消毒　C. 降低溫度

機 智 王 神 解 密 • • • • • • • ■■■ ☞ A

　　生理食鹽水中含有金屬鈉離子，擦拭後即可增強導電性。

31. 汽車輪胎上的溝紋主要作用是：

A. 增加與地面的摩擦

B. 排除雨水和泥水

C. 增加車身的緩衝

機智王神解密 • • • • • • • A

　　輪胎花紋的主要作用就是增加胎面與路面間的摩擦力，以防止車輪打滑，這與鞋底花紋的作用如出一轍。

32. 打開汽水瓶、啤酒瓶或飲料罐時，會產生什麼現象？

A. 沒有任何明顯現象

B. 裡面的液體流出

C. 氣體從汽水中冒出

機智王神解密 • • • • • • •  C

　　打開汽水瓶或其他飲料罐時，會看到氣體從汽水中冒出，這是由於液面壓力減弱時，氣體在液體中的溶解能力也減弱所造成的。

四選一

01. 通常所說的「生命中樞」是指以下哪一項？

A. 下丘腦　　　　　B. 中腦
C. 延腦　　　　　　D. 腦橋

 機智王神解密 • • • • • • • • • ■■■☞ C

延髓，亦稱「延腦、末腦」，位於腦幹的後段，向下延伸接脊髓。它是管理呼吸、心搏等重要反射作用的中樞，故又有「生命中樞」之稱。

02. 人體內含量最多的金屬元素是哪種？

A. 鈣　　　　　　　B. 鐵
C. 磷　　　　　　　D. 鉀

機智王神解密 • • • • • • • • • ■■■☞ A

鈣是人體內最重要的元素之一，其含量僅次於碳、氫、氧、氮，居第五位。同時，鈣又是人體內含量最多的金屬元素礦物質，對於維持人體各種生理活動（如調

節神經肌肉的律動、調節毛細血管的通透性、參與凝血機制等）必不可少。

03. 一般而言，醫生為病人注射的生理鹽水是多少濃度？

A. 1 ％   B. 5 ％

C. 0.9 ％   D. 9 ％

機 智 王 神 解 密 • • • • • • • C

人體血液中含有0.9％的鹽分，使血液保持一定的滲透壓，維持正常的新陳代謝。醫生替病人補充時所輸的生理鹽水，就是0.9％的鹽水。

04. 對皮膚保健最好的元素是以下哪一項？

A. 維生素 E   B. 鐵

C. 鋅   D. 碘

機 智 王 神 解 密 • • • • • • •  C

據說，鋅是目前所知對皮膚保健最好的物質。鋅對刺激並促進肌肉生長的作用，勝過其他任何無機物。在美國，醫院裡一般都使用液體鋅來作為局部敷劑，為嚴重燒傷的病人敷治，目的就是儘快讓燒傷的皮膚組織再生，修復得更好。含鋅食物有：穀類、豆類、麩、肝、肉、魚、蛤、蚌、牡蠣等。

05. 維生素是人體內必不可少的營養成分，最早是在哪種植物中被提煉出來的？

A. 米糠　　　　　　　B. 麥子

C. 高粱　　　　　　　D. 玉米

機智王神解密 • • • • • • • • • ☞ Ⓐ

一位波蘭科學家於1912年從米糠中提煉出了維生素。

06. 心臟體積略大於本人的拳頭，請問有多少部分位於身體正中左側，其餘部分則在右側。

A. 1/3　　　　　　　B. 2/3

C. 3/4　　　　　　　D. 3/5

機智王神解密 • • • • • • • • • ☞ Ⓑ

心臟有2/3位於身體正中左側，1/3位於右側。

07. 哪種味道可以調節細胞和血液之間的滲透壓，以及正常的水鹽代謝？

A. 鹹味　　　　　　　B. 甜味

C. 酸味　　　　　　　D. 苦味

A

食鹽的主要作用是調節細胞和血液之間的滲透壓平衡和正常的水鹽代謝。在嘔吐、腹瀉、發燒、勞動量大、汗流不止時，適當補充鹽分，可防止體內微量元素的缺乏。但食鹽攝取過量，也會增加腎臟負擔，引發高血壓。所以患有腎臟疾病及心血管疾病的患者不可多吃食鹽。

08. 簡譜中的休止符是停頓、換氣的意思，請問以下哪個符號表示休止符？

A. 「..」　　　　　　B. 「∧」
C. 「—」　　　　　　D. 「0」

 D

「..」記號表示附點音符；「∧」表示連接點；「—」隔在小節與小節之間表示節拍。

09. 被稱為「東方芭蕾」的中國民間歌舞藝術是以下哪一項？

A. 花鼓燈　　　　　B. 鳳陽花鼓
C. 東北高蹺　　　　D. 跑旱船

 A

花鼓燈是一項歌舞藝術，源於宋代，集民間藝術之大成，融舞蹈、鑼鼓、歌曲、戲劇於一身，素以節奏明快，熱烈奔放，舞姿優美，表演細膩，富有藝術魅力而著稱，是漢族民間舞蹈的典範，也是淮河文化的代表之一。

10. 「煮豆燃豆萁，豆在釜中泣。本是同根生，相煎何太急？」這首《七步詩》的作者是誰？

A. 曹植　　　　B. 曹操
C. 曹丕　　　　D. 曹禺

機 智 王 神 解 密 ● ● ● ● ● ● ● A

曹植的哥哥曹丕做了皇帝後，總想要迫害曹植。有一次他命令曹植在七步之內做出一首詩，作不出來就要殺頭。結果曹植果然在七步以內吟出這首《七步詩》，以「萁豆相煎」作為比喻，控訴曹丕對自己和其他兄弟的殘酷迫害。

11. 印象派繪畫表現重點在於以下哪一項？

A. 明暗、空間　　B. 光色效果
C. 肌理效果　　　D. 誇張的色彩

機 智 王 神 解 密 ● ● ● ● ● ● ● B

印象派繪畫特點在於光與色的表現。這一畫派大師們，根據當時自然科學中關於光和色的原理，把眼睛所看到的現實世界轉換成由光和色所組成，展現出瞬息萬變的世界。用原色並列或重疊及補色對比的手法，表達「瞬間」的光色印象。

12. 下列樂器中不屬於中國民族樂器的是哪一項？

A. 二胡　　　　　　B. 揚琴
C. 小號　　　　　　D. 簫

　　C

小號是西洋樂器中的銅管樂器。揚琴、二胡和簫則是中國的民族樂器，其中揚琴是彈撥樂器，二胡是拉弦樂器，簫是吹管樂器。

13. 「諾貝爾文學獎」得主海明威的著名小說《戰地鐘聲 *For Whom the Bell Tolls*，（或譯：喪鐘為誰而鳴）》是以哪次戰爭為背景？

A. 第一次世界大戰　　B. 第二次世界大戰
C. 西班牙內戰　　　　D. 美西戰爭

機智王神解密 • • • • • • • 👉 C

　　發生在1936年初秋到1939年春的西班牙內戰，早已
為人們所淡忘，然而實際上西班牙內戰包含了極重要的
歷史意義，代表著第二次世界大戰歐洲戰線的序幕，是
全世界進步的力量和德意志法西斯政權之間的第一次較
量。描述這一頁歷史的文學作品為數不多，而今尚為人
所推崇的文學閱讀作品，恐怕就只有這一部《戰地鐘聲》
了吧。

14. 美術的基本表現方式是什麼？

A. 明暗、透視　　　B. 點、線、面、色
C. 筆法、章法　　　D. 構圖、肌理

機智王神解密 • • • • • • • 👉 B

　　美術的表現方法非常多樣化，構成美術的表現方法
也非常豐富。簡而言之，點、線、形、色、肌理等，可
說是美術形式的基本表現方法。再透過造型、構成等一
系列技巧，把各類基本要素綜合在一起，展現出其他事
物所不具有的獨特美術形式。

15. 以下哪一句成語典故的主角是孔子？

A. 韋編三絕　　　　B. 牛角掛書
C. 漢書下酒　　　　D. 下帷讀書

機智王神解密・・・・・・・・・　A

　　古時候的書是在竹簡上刻字，再用繩子把一根根竹簡串起來組成書籍。「韋編三絕」的故事是描述孔子刻苦讀書，甚至曾三次把竹簡給翻斷了。

16. 古箏也叫做什麼？

A. 秦箏　　　　　　B. 秦琴
C. 弦箏　　　　　　D. 十弦琴

機智王神解密・・・・・・・・・　A

　　古箏是一種古老的傳統民俗樂器，早在戰國時期就已經流行於秦國（相當於今天的陝西），所以也有人稱之為秦箏。

17. 繪畫最起初的功能是什麼？

A.「使民知神奸」　B. 以形寫神
C. 存形莫善於畫　　D. 遷想妙得

機智王神解密 • • • • • • • C

在中國文化史上，繪畫是一個很重要的元素，是保存記錄最原始的方法。正如陸機所言：「宣物莫大於言，存形莫善於畫。」

18. 「盛年不再來，一日難再晨。及時當勉勵，歲月不待人。」這首詩的作者是誰？

A. 陶淵明　　　　B. 李白
C. 李牧　　　　　D. 蘇軾

機智王神解密 • • • • • • • A

這是陶淵明的詩。全詩為：「人生無根蒂，飄如陌生塵。分散逐風轉，此已非常身。落地皆兄弟，何必骨肉親。得歡當做樂，鬥酒聚比鄰。盛年不再來，一日難再晨。及時當勉勵，歲月不待人。」

19. 《魯賓遜漂流記》取材自真人真事，請問書中魯賓遜的僕人名叫什麼？

A. 魯達　　　　　B. 魯西西
C. 星期五　　　　D. 星期六

機智王神解密 • • • • • • • C

魯賓遜在島上孤獨生活的第二十四年，遇見一群來到島上的野人，並且救了其中一個差點被吃掉的野人。因為那一天正好是星期五，魯賓遜就把這個野人取名為「星期五」。星期五最後成了魯賓遜的僕人，和魯賓遜共同度過孤島生活的最後三年。

20. 以多幅圖畫表現故事情節的連環圖畫最早出現於哪個國家？

A. 中國 　　　　　　B. 埃及
C. 巴比倫 　　　　　D. 印度

機智王神解密 • • • • • • • • ☞ B

　　早在西元前15世紀的埃及就有《名王功跡》（雕刻）和《死者之書》（繪畫）等連環畫。

21. 世界上最早的國歌誕生於哪個國家？

A. 荷蘭 　　　　　　B. 英國
C. 法國 　　　　　　D. 澳大利亞

機智王神解密 • • • • • • • • ☞ A

　　荷蘭是世界上最早出現國歌的國家。1569年，荷蘭人為抵抗西班牙統治者的統治與壓迫，高唱《威廉‧凡‧拿索進行曲》衝向敵人，最後戰勝了西班牙統治者。

荷蘭人對這首代表著國家民族精神的歌曲十分地熱愛，後來這首歌曲便成了荷蘭國歌。從此以後，許多國家也爭相模仿，制定出自己國家的國歌。

22. 現實主義小說的創始人菲爾丁是哪國人？

A. 英國　　　　　B. 法國
C. 希臘　　　　　D. 義大利

機智王神解密  A

亨利·菲爾丁（Henry Fielding）是英國作家。1707年4月22日生於英格蘭薩默塞特郡，1754年10月8日卒於葡萄牙里斯本。

23. 野獸派屬於以下哪個哪個領域的流派？

A. 繪畫　　　　　B. 文學
C. 音樂　　　　　D. 戲劇

機智王神解密  A

野獸派是法國現代畫派之一。1905年出現於法國，因作品畫風狂野，越出繪畫常規，被評論家稱為「野獸群」而得名。

24. 《水滸傳》剛成書時並不叫水滸傳而是叫什麼書名？

A. 《張叔夜擒賊》　　B. 《江湖豪客傳》
C. 《一百零八好漢傳》　D. 《豪客傳》

機智王神解密 • • • • • • • • ➡ B

　　元朝小說家施耐庵一邊教書，一邊根據元人話本《張叔夜擒賊》寫作《江湖豪客傳》。幾年後，他完成了創作，對書中的大部分情節都感到滿意，唯一不太滿意的是書名。當時他的學生羅貫中建議他把書名改為《水滸傳》。施耐庵一聽，連聲說：「好，好！這個書名太好了！」於是，一部偉大的古典名著因此確立書名。

25. 以下哪個民族的舞蹈經常表現出剽悍英武、剛勁有力之美？

A. 漢族　　　　　　　　B. 蒙古族
C. 藏族　　　　　　　　D. 維吾爾族

機智王神解密 • • • • • • • • ➡ B

　　蒙古族是能歌善舞的民族。蒙古族舞蹈的特點是節奏明快，熱情奔放，語彙新穎，風格獨特。女子舞姿多以抖肩、翻腕來表現姑娘歡快優美、熱情開朗的性格。

男子的舞姿則是造型挺拔豪邁，步伐輕捷灑脫，表現出
蒙古族男性剽悍英武、剛勁有力之美。

26. 以下哪一項傳統戲劇又被稱為「祖劇」？

A. 昆劇　　　　　　B. 京劇
C. 越劇　　　　　　D. 粵劇

機智王神解密 • • • • • • • • • ☞ A

　　昆劇是現存最古老的戲曲藝術，被譽為「百戲之
師」。昆劇表現手段豐富，文化地位高，格調高雅，以
唱詞雅緻、表演細膩、音樂纏綿婉轉為特色。後來的京
劇和許多地方劇種都受到昆劇的影響，因此昆劇又被尊
稱為「祖劇」。

27. 請問以下哪一位作者的作品內容寫到人
變成甲蟲？

A. 阿普列尤斯　　　B. 契訶夫
C. 奧維德　　　　　D. 卡夫卡

機智王神解密 • • • • • • • • • ☞ D

　　卡夫卡（Franz Kafka），出生在捷克，是20世紀最
具國際知名度的作家。這部作品的第一句是：「某天早

晨，格雷歌爾・沙姆瑟從非常不安的夢中驚醒，卻發現自己竟變形成為一隻非常醜陋的蟲躺在床上。」

28. 在古希臘羅馬神話中，被稱為「愛神」的是誰？

A. 丘比特　　　　　　B. 維納斯
C. 雅典娜　　　　　　D. 阿波羅

機智王神解密 • • • • • • • • 👉 **B**

　　「維納斯」被稱為「愛神」，也被稱為「美神」；「雅典娜」被稱為「智慧女神」；「阿波羅」被稱為「太陽神」；而「丘比特」和宙斯一樣，是「天神」，或叫「眾神之父」，「宙斯」是古希臘神名，而「丘比特」則是古羅馬神名。

29. 大畫家鄭板橋是「揚州八怪」之一，他的畫以什麼主題聞名於世？

A. 橋　　　　　　　　B. 馬
C. 蝦　　　　　　　　D. 竹

機智王神解密 • • • • • • • • 👉 **D**

　　鄭板橋以畫竹聞名；徐悲鴻以畫馬聞名；齊白石以畫蝦聞名。

30. 「妾乘油壁車，郎騎青驄馬。何處結同心，西陵松柏下。」出自何人之手？

A. 陳圓圓　　　　　　B. 李師師
C. 蘇小小　　　　　　D. 蘇小妹

機智王神解密 • • • • • • • • ☞ C

　　蘇小小是南齊人氏，江南名妓之一，貌覺青樓，才空士類，深得各界仰慕，年十九咯血而死，終葬於西泠之塢。西湖才子白居易曾題：「蘇州楊柳任君誇，更有錢塘勝館娃。若解多情尋小小，綠楊深處是蘇家。」

31. 古代小說常用「沉魚落雁，閉月羞花」來形容女性之美，其中「閉月」是指誰？

A. 王昭君　　　　　　B. 楊玉環
C. 貂蟬　　　　　　　D. 西施

機智王神解密 • • • • • • • • ☞ C

　　據傳有一次，貂蟬正在後花園拜月。這時，忽然一陣輕風吹來，一片浮雲將皎潔的明月遮住了。王允正好瞧見，笑著對貂蟬說：「我的女兒和月亮比美，月亮都比不過，趕緊躲在雲彩後面了！」於是，人們就稱貂蟬為「閉月」了。

32. 西方童話裡的貓頭鷹常以最聰明的角色出現，這是因為什麼原因？

A. 貓頭鷹的頭腦聰明

B. 貓頭鷹活得長久

C. 貓頭鷹與人長得相似

D. 貓頭鷹經常一副沉思的表情

機智王神解密 • • • • • • • • A

　　貓頭鷹在古代神話中並非全然是惡的化身。古希臘神話的智慧女神雅典娜，據說就養了一隻貓頭鷹。因此古希臘人對貓頭鷹非常崇拜，認為牠是智慧的象徵。

33. 莎士比亞筆下的羅密歐與茱麗葉是哪個國家的人？

A. 英國　　　　　　B. 義大利

C. 法國　　　　　　D. 美國

機智王神解密 • • • • • • • • B

　　風景綺麗迷人的維洛那（Verona）是義大利最古老最美麗的城市之一。維洛那風靡全球歸因於莎士比亞的名作《羅密歐與茱麗葉》，因為這裡就是羅密歐與茱麗葉的故鄉。

34. 「嗩吶」一詞源於哪一種語言？

A. 阿拉伯語　　　B. 希伯來語

C. 印地安語　　　D. 俄羅斯語

機智王神解密 ● ● ● ● ● ● ● ● 👉 A

　　嗩吶是一種吹奏樂器，起源於波斯，最早流傳在波斯、阿拉伯一帶，金、元時期傳入新疆，後流入內地。

　　嗩吶是雙簧氣鳴樂器，廣泛流行於亞、非、歐許多國家及中國各地。嗩吶一名出自阿拉伯語「surna」的音譯，亦稱「嗩奈唱」、「蘇爾奈」、「喇叭」。

35. 劇本《長生殿》與以下哪個人物有關？

A. 西施　　　　　B. 昭君

C. 楊玉環　　　　D. 貂蟬

機智王神解密 ● ● ● ● ● ● ● ● 👉 C

　　《長生殿》是清初劇作家洪升所寫的劇本，取材自唐代詩人白居易的《長恨歌》和元代劇作家白樸的劇作《梧桐雨》，內容講述唐玄宗和貴妃楊玉環之間的愛情故事。

36. 希臘神話中的「金蘋果」代表什麼？

A. 財富 　　　　　　 B. 牲畜

C. 不和 　　　　　　 D. 豐收

 C

　　在一場由天神宙斯主婚的婚宴中，女神厄里絲因未受邀請而發怒，不請自來並在宴會上留下華麗奪目的金蘋果，留言「獻給最美麗的女神」。這個「金蘋果」引發雅典娜、維納斯和天后希拉之間的爭奪，宙斯認為特洛伊王子帕里斯最適合決定由誰獲得金蘋果。於是三位女神都承諾了帕里斯一些好處，最後得到金蘋果的是維納斯，於是維納斯便實現對帕里斯的承諾，讓他得到世界上最美麗的女人——斯巴達的海倫皇后，因此引發了著名的「特洛伊戰爭」。

37. 交響樂是指多種樂器組合成大型管弦樂隊的演出形式。以這種形式所寫作的樂曲，往往寓意深刻，篇幅較長，規模宏大，因而必須在統一的指揮下進行。下列樂曲中哪首不是交響樂？

A. 《天鵝之歌》 　　　 B. 《命運》

C. 《藍色多瑙河》 　　 D. 《丘比特交響曲》

冷知識 全知道
原來是醬子！

機 智 王 神 解 密 ● ● ● ● ● ● ● 👉 C

　　《藍色多瑙河（An der schönen blauen Donau op. 314）》是奧地利作曲家約翰·史特勞斯所創作的華爾滋圓舞曲，有「圓舞曲之王」的美稱。《命運Fate（或稱第5號交響曲）》是貝多芬所創作，靈感來自光明戰勝黑暗的凱歌，這部交響曲家喻戶曉。《天鵝之歌Swan song》是舒伯特的交響樂作品。《丘比特交響曲Jupiter Symphony（或稱第41號交響曲）》的作者是莫札特。

38. *哪一位作曲家被稱為「歌曲之王」？*

A. 韋伯　　　　　　B. 孟德爾松
C. 莫札特　　　　　D. 舒伯特

機 智 王 神 解 密 ● ● ● ● ● ● ● 👉 D

　　歌曲之王弗蘭茲·舒伯特（Franz Schubert），是一位偉大的奧地利作曲家，是浪漫主義音樂的開創者之一。

39. 「卡拉 OK」是今日家喻戶曉的娛樂形式，這個字的原意是「無人樂隊」。請問它最早起源於哪個國家？

A. 美國　　　　　　B. 義大利

C. 韓國　　　　　　D. 日本

機智王神解密・・・・・・・・・ D

　　卡拉OK的日文原意是「無人伴奏樂隊」。60年代時期，井上大佑先生正在日本兵庫縣西宮市擔任沙龍樂隊鼓手，當時他發明了伴唱聲軌和可攜式麥克風。不到三年，卡拉OK開始大為風行，大公司紛紛剽竊井上的創意，推出自己的機型。直到有人建議他申請專利時，已經為時太晚。井上承認：「我從沒想過申請專利。」

40. 「約法三章」這句話來自歷史上的哪一位人物？

A. 劉備　　　　　　B. 諸葛亮

C. 劉邦　　　　　　D. 朱元璋

機智王神解密・・・・・・・・・ C

　　原句出自《史記・高祖本紀》和《資治通鑑》。據記載，沛公（即劉邦）首先打進秦國都城咸陽，他悉召

諸縣父老豪傑說：「父老苦秦苛法久矣！吾與諸侯約，先入關者王之；吾當王關中。與父老約法三章耳：殺人者死；傷人及盜抵罪；余悉除去秦法，諸吏民皆案堵如故。」

 41. 印度古神話的四大天王中，掌管西方的是哪一個？

A. 持國天王　　　　　　B. 廣目天王
C. 增長天王　　　　　　D. 多聞天王

機智王神解密 · · · · · · · · · · ☞ Ⓑ

廣目天王梵名「毗留博叉」，據說他能以清淨天眼觀察護持世界，故得此名。他居於須彌山白銀埵，率領諸龍族及富單那（臭餓鬼）等守護西方瞿耶尼洲。

42. 北宋著名詩人及書法家黃庭堅曾寫過一首《戲題》詩：

逍遙近道邊，憩息慰憊懣。

晴暉時晦明，謔語諧讜論。

草萊荒蒙蘢，室屋壅塵坌。

僮僕侍逼側，涇渭清濁混。

這首抒寫詩人憩息漫步郊野所見景色的詩，每句各字的偏旁相同，給人以整齊劃一的美感。所以被稱為：

A. 聯邊詩　　　　　B. 押韻詩

C. 同邊詩　　　　　D. 關聯詩

 A

在寫詩時，利用漢字相同的偏旁部首構成「聯邊」，使句中諸字看起來有種特別整齊的形式美感。這種詩被稱為「聯邊詩」。

01. 踢毽子最早始於春秋還是漢代？

機智王神解密 • • • • •

漢代。據出土的文獻和文物證明，踢毽子最早始於漢代，盛行於六朝、隋、唐，今已有2000多年的歷史了。

02. 南北的方位也代表了尊卑，請問表示尊位的是南還是北？

機智王神解密 • • • • • •

北方為尊位。古代宮殿都是坐北朝南的，帝王的座位設在北方，面向南方。因帝王是一朝之長，萬人之上，所以帝王坐在北邊，北就為「上」。而坐在南邊的群臣則為卑，南就稱「下」了。

03. 中國第一部學術史專著是《明儒學案》嗎？

機智王神解密 • • • • • • •

是。《明儒學案》鉅細靡遺地討論了明代學術思想的發展和演變，是明代思想史、哲學史、學術史的專著，由明末清初三大思想家之一的黃宗羲編纂。

04. 人們傳說羅漢錢裡有真金，確實有這麼一回事嗎？

機智王神解密 • • • • • • •

是。傳說清朝康熙年間，伊黎河流域的準噶爾部叛亂，皇帝便派騎兵前往平叛。不料部隊到了邊關，軍餉難以接濟。為解燃眉之急，軍方便到當地寺廟求援。深明大義的喇嘛以國事為重，慷慨獻出院中所有銅佛及18尊金羅漢，讓軍方熔化鑄錢。這次鑄的錢是金銅合成，其價值超過面值，為了區別，便故意將錢面上「康熙通寶」四個字中的「熙」字減了一筆，以便將來收回。誰知這個祕密竟被洩漏出去，因為錢中含有羅漢真金，所以後世人便稱之為「羅漢錢」，有幸獲得者視如珍寶，很少用於交易。

05. 中國古代最繁華的貿易港口是哪裡？

機智王神解密 • • • • • • •

泉州港。從唐代起天然良港泉州的對外貿易就很著名，到了南宋和元朝時期，這裡商賈雲集，已然成為中國最繁華的對外貿易中心，與埃及的亞歷山大港並稱為世界最大的貿易港。

06. 中國最早的商標上所繪的是兔子圖案還是鴿子圖案？

機智王神解密 • • • • • • •

兔子。中國最早的商標，可追溯到北宋時期。當時，濟南有家姓劉的針鋪店，以白兔為商標，頗負盛名。這個商標是用銅版印刷的，近似方形，中間繪有白兔搗藥圖，畫像鮮明突出。圖畫的上端橫寫著店名，「濟南劉家功夫針鋪」，兩側寫有「認門前白兔為記」的條幅，下端從左到右寫有關於經商範圍，方法和品質要求：「收買上等鋼條，造功夫細針。不誤宅院使用、轉買興販、別有加饒。渭記白。」

07. *南北朝時，代表北方民歌藝術最高成就的是哪部作品？*

機智王神解密 • • • • • • •

《敕勒歌》。「敕勒川，陰山下，天似穹廬，籠蓋四野。天蒼蒼，野茫茫，風吹草低見牛羊。」這首詩具有北朝民歌特有的豪爽風格，境界開闊，音調雄壯，文字如話，藝術感極強。宋朝詩人黃庭堅說過，這首民歌的作者「倉促之間，語奇如此，蓋率意道事實耳」。因為作者對草原牧民生活非常熟悉，所以能抓住特點，不必刻意雕飾，就能表達其美麗的意境。

08. 「衣缽」是佛教的專門用具嗎？

機智王神解密 • • • • • • •

是的。「缽」是僧人的食器，與袈裟合稱為「衣缽」，是佛教的專門用具。禪宗師徒間道法的收受，常以衣缽為證，稱為衣缽相傳。到後來，「衣缽」又泛指傳授後代的思想、學問和技能等。

09. 春秋戰國諸子百家之中，在文學上最有影響力的是儒、道、墨、法四家，請說出各家的代表人物。

機智王神解密 • • • • • • •

儒：孔子、孟子。

道：老子、莊子。

墨：墨子。

法：韓非子。

10. 足球陣形「三五二」中的「三」是指什麼？

機智王神解密 • • • • • • •

三名後衛。

11. 廣義的體育運動包括哪三個方面？

機智王神解密・・・・・・・・

身體教育；競技運動；身體鍛鍊。

12. 為防止食物中毒，處理食材時必須做到生熟分離。請問生熟食分離的意義是什麼？

機智王神解密・・・・・・・・

生熟食不能放在同一容器內；處理生熟食所用的容器必須分開；只有一套設備的話，在處理生食之後須徹底洗淨才能再用於熟食；加工人員的手在接觸生食後，也必須徹底洗淨才能接觸熟食。

13. 健身運動中常用的運動強度公式是什麼？

機智王神解密 ● ● ● ● ●

公式是：180－年齡＝運動時的心率。

14. 身體失去平衡時應如何做動作？

機智王神解密 ● ● ● ● ● ●

向前或向後跨出一大步。

15. 體育運動期間若出現突發的嚴重事故，如：游泳、外傷性休克等，可能出現呼吸和心跳停止，現場採取急救的重要手段是什麼？

機智王神解密 ● ● ● ● ● ●

人工呼吸和胸外心臟按壓。

16. 快跑後為防止發生哪種休克，應繼續慢跑，<u>並作深呼吸，逐漸地停下來</u>？

機智王神解密 • • • • • • •

重力性休克。

17. <u>女足世界盃用的足球叫什麼名字？</u>

機智王神解密 • • • • • • •

飛舞流星。

18. 現今所流行的瑜伽是由哪種瑜伽發展而來？

機智王神解密 • • • • • • •

哈達瑜伽。

19. 「月到中秋分外明」是為什麼？

機智王神解密 ● ● ● ● ●

月亮的光線是反射太陽的光線。地球圍繞太陽轉動，月亮圍繞地球轉動。八月十五這天，月亮離地球較近，所以看起來要更亮。

20. 「和尚敲木魚」是為了警醒嗎？

機智王神解密 ● ● ● ●

對。相傳有人問天竺長老：「僧人在住處懸掛木魚，是什麼意思呢？」天竺長老回答說：「為了警醒眾人。」佛教經典的主旨都是講述心靈的洗練方法，目的就是恢復人的本心。只要心能磨洗成一面鏡子，就能明瞭人生和宇宙的真理。

21. 「耳順」指什麼年紀？

機智王神解密 ● ● ● ● ●

六十歲。孔子曾說：「吾，十有五，而志於學，三十而立，四十而不惑，五十而知天命，六十而耳順，七十而從心所欲，不逾矩。」

22. 仰紹文化是歷史上哪個時代的文化？

機智王神解密・・・・・・

　　仰紹文化是黃河中游重要的新石器時代文化。1921年仰紹文化在河南省澠池縣仰韶村被發現，所以被稱爲仰紹文化，時間大約在西元前5000年至西元前3000年。地區則分佈在整個黃河中游，從今天的甘肅省到河南省之間。至今已發現上千處仰紹文化的遺址，其中以河南省和陝西省爲最多，是仰紹文化的中心。

23. 為什麼世界盃足球運動員進場時都會帶著小孩子？

機智王神解密・・・・・・

　　國際足聯規定：爲了讓足球理念深入人心，凡國際A級足球賽事和一些重要的足球比賽，開幕入場時都必須攜球童，男女不限。因爲世界足聯的口號就是公平競賽，兒童的天真無邪，不存在爾虞我詐，正是公平競賽的象徵。而且兒童也是未來的希望，所以足球員進場唱國歌時都帶著他們。但一般聯賽並不會這樣，只有國家隊之間的正式比賽才會出現。因爲這些比賽的管理單位就是國際足聯。隊員所領的小孩都是主辦單位或地主隊在當地足球學校或小學挑選的，他們儼然成爲體育競技「友誼第一」的象徵。

永續圖書
線上購物網

www.foreverbooks.com.tw

謝謝您購買 <u>原來是醬子！好奇寶寶的冷知識全知道</u> 與我們一起分享讀完本書後的心得。務必留下您的基本資料及電子信箱，使用我們準備的免郵回函寄回，我們每月將抽出一百名回函讀者，寄出精美禮物以及享有生日當月購書優惠！想知道更多更即時的消息，歡迎加入"永續圖書粉絲團"

您也可以使用以下傳真電話或是掃描圖檔寄回本公司電子信箱，謝謝！

傳真電話：（02）8647-3660　　電子信箱：yungjiuh@ms45.hinet.net

●請針對下列各項目為本書打分數，由高至低5～1分。

　　　　　　　5 4 3 2 1　　　　　　　　　5 4 3 2 1
1. 內容題材　□□□□□　　2. 編排設計　□□□□□
3. 封面設計　□□□□□　　4. 文字品質　□□□□□
5. 圖片品質　□□□□□　　6. 裝訂印刷　□□□□□

●您購買此書的地點及店名_____

●您為何會購買本書？
□被文案吸引　　□喜歡封面設計　　□親友推薦　　□喜歡作者
□網站介紹　　　□其他_____

●您認為什麼因素會影響您購買書籍的慾望？
□價格，並且合理定價是_____　　□內容文字有足夠吸引力
□作者的知名度　　□是否為暢銷書籍　　□封面設計、插、漫畫

●請寫下您對編輯部的期望及建議：

221-03
新北市汐止區大同路三段194號9樓之

傳真電話：（02）8647-3660
E-mail：yungjiuh@ms45.hinet.net

培育
文化事業有限公司

原來是醬子！好奇寶寶的冷知識全知道

培養文化育智心靈的好選擇